미술치료전문가의 셀프치유프로그램

〈보는약〉 프로그램은 특허청 제 41-0388343호
산업재산권으로 법의 보호를 받고 있습니다.

〈보는약〉은 노인복지관, 요양시설 및 호스피스병동
미술치료사들의 경험이 축약된 프로그램으로,
여러 가지 시리즈로 기관에서 운영되고 있습니다.
미술치료사의 도움을 받으시면 더욱 깊고 다양한 경험을 나눌 수 있습니다.

미술치료전문가의 셀프치유프로그램

보는약

목차

프롤로그 — 들어가는 글

- 6　내 안의 에너지를 찾아 끌어내는 컬러링 시리즈 〈보는약〉
- 8　현장실무자가 융합을 흉내 내다

보는약 활용 — 〈보는약〉사용설명서

- 14　1. 효능·효과
- 15　2. 작용·특성
- 16　3. 사례 예시
- 18　4. 매체활용 확장프로그램

제1부 — 가족

- 22　첫 글씨쓰기 배우는 날
- 24　엄마품의 자장가
- 26　엄마손은 약손
- 28　할머니 뽀뽀
- 30　목말
- 32　첫 입학식
- 34　우리집 강아지
- 36　벌서는 날
- 38　이빨뽑기
- 40　고마운 누나
- 42　등목
- 44　한여름의 물놀이
- 46　텔레비전 속의 영웅
- 48　봉숭아 물 들이는 날
- 50　눈사람 만들기
- 52　할머니 오시는 날
- 54　콩국수 먹는 날(맷돌)
- 56　냇가 빨래터
- 58　아궁이와 가마솥
- 60　결혼식

제2부 놀이

- 64 호박꽃과 소꿉장난
- 66 모래(두꺼비)집 짓기
- 68 냇가의 물놀이
- 70 물고기 잡기
- 72 메뚜기 잡기
- 74 풀잎우산 만들기
- 76 아카시아잎의 설렘
- 78 비석치기
- 80 사방치기
- 82 공기놀이
- 84 구슬치기
- 86 자치기
- 88 딱지치기
- 90 무궁화꽃이 피었습니다
- 92 널뛰기
- 94 고무줄놀이
- 96 말뚝박기
- 98 종이딱지놀이
- 100 연날리기
- 102 팽이치기

제3부 그리운 이야기

- 106 원두막, 수박서리
- 108 손 떨리는 달고나 떼기
- 110 설탕과자 뽑기
- 112 "뻥이요"
- 114 팥빙수기계 앞에서
- 116 아이스케키의 첫 만남
- 118 난로에 도시락 쌓기
- 120 리어카 놀이
- 122 소독차가 우리 동네에
- 124 참새 잡기
- 126 얼룩무늬 교복
- 128 장발단속
- 130 미니스커트 단속
- 132 힘센 버스 안내양
- 134 연탄갈기
- 136 나물캐는 어머니
- 138 앞마당의 물 펌프
- 140 다듬이질
- 142 새
- 144 황소

전문가 참고사항

- 146 미술치료, 치유메커니즘 해석을 시도하다

프롤로그 들어가는 글

내 안의 에너지를 찾아 끌어내는
컬러링 시리즈 〈보는약〉

어느 누구든 병원을 가고 싶은 사람이 있을까만 나도 개인적으로 병원은 냄새도 맡기 싫은 곳이다. 환자 보호자로 짧다면 짧고, 길다면 긴 병원에서 보낸 시간의 기억이 악몽과 같이 회상된다. 2015년 어느 날, 대학병원 암병동으로 자원봉사 실습을 나간 선생님이 2시간이었는지 아니면 2주에 걸친 2회기였는지 정확하지는 않지만, 그 짧은 시간 동안 어떻게 좋은 프로그램을 진행할 수 있는지에 대해 의문을 품으며 전화를 걸어와 상의하는 일이 있었다. 선생님은 아직 경험이 많지 않았던 시기라 프로그램은 내가 구상을 해보겠다고 답하고 전화를 끊었다.

나는 소심하고 단순하며 자기애가 강한 사람이라 착각도 잘 한다. 꼭 필요할 때는 신께서 함께 하신다고 믿고 있다. 그 날도 그랬다. 논문을 최종 마무리하느라 계속된 피로에다 최근 밤을 새운 것이 화근이었는지 갑자기 몹시 어지러워 병원을 찾았다. 빈혈환자인 나는 조금만 어지러워지면 세상이 무너지는 느낌을 받는다. 안색을 보고 급하게 링거를 맞기로 하고 주사실 하얀 시트가 씌워진 침대에 누웠다. 곧 닥칠 두려움이 머릿속에 떠올랐다. 바늘은 아플 테지, 몇 시간이나 걸릴까, 주사를 맞고 나가면 오늘은 일을 마칠 수 있을까, 여러 생각이 겹쳐지며 심란해졌다. 여기에다 침대는 좁고 딱딱하고, 천정은 하얗고 칸막이 커튼은 옅으며, 곧 병이나 비닐백에 담긴 약이 걸릴 차가운 금속 막대기까지 물리적으로도 불편한 상황에 맘속으로 "아이고" 소리가 절로 났다. 바늘이 꽂힌 손 등과 반창고를 발라 움직이기도 불편해진 손까지 바라보고 있으니 이런 상태로 며칠이고 지낼 환자들이 떠올랐다. 얼마나 괴로울까 느낀 순간 머리를 치고 나가는 생각이 있었다.

'그래! 환경을 바꾸는 거야! 이 불안과 불편함을 위로해줄 환경을….'

어쩔 수 없이 병원에서 지내야만 할 사정이 생겼다면 병원에서 견딜 수 있는 환경의 힘이 필요하다고 생각되었다. 에너지를

끌어 올릴 수 있는 컬러, 그리고 단순한 컬러만이 아닌 의미가 담긴 무엇…. 그렇게 프로그램을 구상하고 팀을 꾸려 매체를 테스트하여 첫 번째 〈보는약〉이 소개되었고, 삶의 의미와 감사한 인연, 가족과의 화해, 선물과 같은 시간들을 반추할 수 있는 작업들을 해왔다. 그 후로부터 3년 차인 올해 여덟 번째 컬러링 시리즈가 나오게 되었다. 추억이라는 시간의 역사가 축적된 에너지를 현재화하고 재경험 할 수 있는 가장 좋은 방법으로 신체면역과 호르몬에 관심을 두고 출발한 연구는 정서와 뇌과학분야의 저서들의 도움을 받아 지난 5월 첫 번째 이야기 〈회상〉이, 그리고 누구나 내 안의 에너지를 찾아 쓸 수 있도록 대상을 넓혀 두 번째 이야기가 나오게 되었다.

특별히 이 지면을 빌어, 진실의 힘이 영원의 시간을 만들어낼 수 있음을 깨닫게 해 주시고 삶의 이정표가 되어 주신 아산병원 오성태 박사님께 깊은 감사의 인사를 전하고 싶다. 몇 년 동안 안부의 인사로 가을 편지를 썼었는데, '조금만 더 좋은 모습으로', '편하게 웃으실 수 있도록 조금만 더…' 하며 마음으로만 쓰고 10년을 훌쩍 넘기도록 부치지 못한 편지를 이 책으로 대신하고 싶다. 돌이켜보면 그동안 죄송했던 시간에 대한 사과와 존경의 깊은 감사가 잘 전달되었으면 좋겠다.

마지막으로 상상력에 그치지 않고 현실이 될 수 있도록 "가능하다"라고 기꺼이 등 떠밀어 준 하씨집 새 막내아드님께도 깊은 감사를 전한다.

2018년 11월
미술치료 전문가 하 애 희

프롤로그

현장실무자가 융합을 흉내 내다

내 남은 꿈은 시인이다. "선생님은 유토피아에서 살다 오셨어요?" 불만스러운 듯 내 어린 친구가 타박하기도 한다. 다른 사람이 이야기하는 것을 쉽게 믿는 편이며, 누가 뚱뚱하다고 놀려도 뚱뚱한 건 사실이니까 웃어넘기고, 비가 막 내리기 시작할 즈음 지하상가를 들어서는 내게 "밖에 비가 많이 와요?" 하고 뭇 사람들이 걱정스런 시선으로 물었을 때도 아주 경쾌하게 "맞을만하게 와요"라고 내 기분을 답할 만큼 생각이 단순하다. 이렇게 사설을 늘어놓는 이유는 나는 아직 쏟아지는 뇌과학 연구들을 완벽하게 섭렵하기에 적당한 사람이 아님을 말하고 싶어서이다.

예를 들어, 〈죽음이란 무엇인가〉와 같은 삼단논법의 딱딱한 책을 읽기 너무 힘들어서 의무감으로 읽어 냈지만 충분히 내 지식이 되지 못한 점이나 다만, 하프의 현이 들려주는 음악은 하프가 고장 났을 때 무엇으로 설명될 것인가에 대한 논의는 인상적이었다, 호르몬과 정서에 집중하는 일이 어려웠던 점 등이 그 실례이다. 그렇게 많은 그림들을 접했지만 공간에 대한 지각력이 떨어지는 나는 아직 뇌의 구조를 충분히 이해하지 못한다. 거기다 중년의 나이는 수많은 데이터를 저장하기에는 조건이 매우 좋지 못하다. 〈추억에 관한 모든 것〉이라는 책을 접하며 추억과 정서, 기억을 다루는 책들에 호기심이 발동하는 계기가 되었으며 책을 완독하는 데 특히 더 집중하였다. 이해하지 못하는 부분들은 책갈피를 끼워 두었다가 엑셀로 정리하며 한 번 더 읽어내고 필요한 때 파일에서 다시 읽어내는 방법으로 공부하다 보니 이제는 끄덕이며 이해할 정도는 되는 것 같다.

하소연하자면 내 주위에 뇌과학을 전공하는 사람 한 명만 있었어도, 뇌영상 촬영fmri과 뇌의 구조, 뉴런과 시냅스의 전기·화학적 신호들과 신경전달물질, 뇌와 손신체 운동신경의 연결구조 등을 이해하는데 이렇게 많은 시간을 필요로 하지는 않았을 것이라는 생각에 아쉽기만 하다. 만약 이것이 가능했다면 환자들

의 불안정도나 치매예방정도, 우울감 감소 등에 어느 정도 영향이 있는지에 대해 환자 본인이나 임상심리사, 요양보호사 또는 사회복지사들의 주관적 판단에 의존하지 않고, 조금 더 이른 시점에 과학적 결과가 수치로 제시되었을 것이다. 급변하는 환경의 영향으로 학문간 융합의 필요성이 대두되고 활발하게 논의되고 있는 시점에서 대학 밖의 소수 연구자들이 도움 받을 수 있는 창구 역할 기관이 요원하기만 하다. 설사 학교 안으로 소속된다 하더라도 전공 지도 교수님의 전문성 이외 영역으로 연구를 확장, 추진해 줄 수 있는 시스템을 접할 확률은 현재로서는 희박할 것으로 판단된다.

나는 아직 호기심이 많이 있다. 언젠가 IT 분야의 두 친구와 술 한잔 나누다 희망사항을 말했다. 내 편지를 받고 읽는 사람이 편지지를 펼치는 순간 내가 전하고 싶은 음악도 같이 들을 수 있으면 좋겠다고. 물론 멜로디가 울리는 크리스마스 카드가 있는 줄은 알지만 만들어 줄 수 있는지를 물었다. 두 친구 모두 휴대폰이 있는데 그게 왜 필요한지 이해하지 못했다. 한 친구는 이튿날 내게 최소형 녹음기 추천 리스트를 보냈다. 여기서부터는 감수성 출신 tv 개그 프로그램코너으로서 나의 상상력을 적어본다. 비디오테이프, LP판, 플로피디스크 등 세월이 지나더라도 기록을 읽어낼 수 있는 기계도 계속 존재해야 한다. 그러나 과학기술이나 시대 흐름이 얼마나 빨리 바뀌고 있는지는 설명이 필요 없을 것이다. 계속 LP판을 틀기 위해서는 턴테이블을 모시고 살아야 하고 혹시나 고장이 나면 고칠 수 있는 사람은 또 얼마나 될까! 적다 보니 3D프린트는 혹시나 해결해 줄 수 있을 것 같기도 하다.

아무튼 얼마의 시간이 지나더라도 존재하는 자연력을 이용하여 해결할 수 있는 기술이 있지 않을까 생각해 본다. 빛을 받아 반응하거나 마찰열을 이용한다던가, 가상현실, 증강현실 등을 이용하면 컴퓨터로 들어가는 것 말고도 종이에 컴퓨터가 들어갈 수 있는 방법도 있지 않을까 상상해 본다.

〈보는약〉을 만들며 더욱 절실해졌다. 〈보는약〉 워크숍을 진행하며 과거에 몰입할 수 있도록 그림을 PPT 화면에 올리고 몇 개의 요소에 포인트를 찍어 유튜브 주소를 연결하여 과거의 동영상과 이미지를 보여줌으로써 회상함에 있어 몰입과 즐거움을 더했다. 이와 함께 컴퓨터 연결 및 다수의 마우스 클릭과 휴대폰으로는 친구가 필요한 부분만을 잘라 편집해준 물 흐르는 소리가 동원되었다. 상상해 보라. 어렸을 적 그림 속 또는 사진 속에 있는 외할머니의 손을 문지르면 할머니가 따뜻한 목소리로 어떤 위로를 전해줄지….

여행길 비행기 안에서 BBC 다큐멘터리를 본 적이 있다. 나의 연구와 같은 주제를 연구하는 사람이 틀림없어 보였다. 나는 시각적 각성을, 그분은 후각적 각성을 연구하는 것 같았다. 기억을 더듬어 보자면 컨베이어 같은 곳에 여러 개의 작은 상자가 놓여 있고, 피실험자들은 그 상자를 열어 냄새를 맡아본 결과로 어렸을 적 엄마의 품을 느끼거나 군화 속의 땀 냄새 등을 기억해냈다. 나는 〈보는약〉에서 오감을 자극하려 애썼다. 실제로는 오감을 다 충족시켜줄 수는 없겠지만, 이론상으로는 가능하다. 여러 학자의 연구를 빌자면, 뇌의 저장된 정보는 실제와 상상을 구분하지 못한다는 것을 확인할 수 있다 기억 속에 저장된 맛들의 정보를 떠올려 보라. 놀라게 될 것이다. 우리는 청각적 자극으로 자연의 소리, 추억의 만화영화, CM송 등을 활용한다. 또한 청각과 시각을 활용하여 다른 감각들을 활성화할 수 있도록 추동한다. 예를 들어 사례 그림의 '등목' 장면에서 어머니는 빨리 아이를 씻기고 간식으로 미숫가루를 타주려고 계획 중이다. 이때 우리는 넓적한 은색 대접에 얼음이 동동 떠 있는 미숫가루 이미지를 제공하고 상상하게 한다. 차가운 얼음을 손으로 만져볼 때의 느낌과 미숫가루의 뻑뻑함과 맛과 냄새 등을…. 이런 작업들이 종이 한 장 안에서 이루어지길 고대하고 있다.

마지막으로 혹시나 이 책을 접하는 분들 가운데 유사연구를 진행하는 분이 계실지도 모른다는 생각에 내가 알고 있는 사실을 적어두려 한다. 나는 기질에 관심이 많고 꽤 오랜 시간 현장에서 사람들을 만나오며 꾸준히 품었던 의문을 연구한 적이 있다. 연구 결과, 외향과 내향처럼 확실히 구분 지어지는 패턴과 같이 다른 하나의 패턴을 발견했다. 인문계열 전공자와 이공계열 전공자 사이 투사검사엄격하게 이야기하자면 인물화에서 패턴차이를 확인하였다. 이는 정보를 받아들이고 처리하는 과정에서 다른 패턴경로을 활성화할 가능성이 높다는 것을 시사한다. 그렇지 않으면 어느 부분이 덜 활성화 되어있거나, 뉴런다발커넥톰이 다르게 모여 있거나 내용 차이의 가능성이 있을 것으로 유추된다예를 들면, 외부로부터 전달받은 감정 정보가 어떤 기질에서는 감정이 아닌 사실 정보로 해석될 가능성 등.

최근 〈송민령의 뇌과학 연구소〉를 읽다가 같은 생각을 확인할 수 있었다. "정의라는 단어를 보면 인문계열 전공자는 'justice'를, 이공계열 전공자는 'definition'을 먼저 떠올릴 가능성이 크다. 보는 이의 역사와 사전 정보가 다르기 때문"이라는 부분을 읽으며 얼마나 반가웠었는지 모른다. 내가 확인할 수 있는 뇌구조 지식과 기술이 없으므로 아이디어로서 제안할 뿐이지만 내가 만나는 내담자를 잘 이해하기 위해서 꾸준히 의문을 품고 확인하고 있는 중이다. 결국 내 호기심을 친구가 일정 부분 만족시켜 주었다.

"나는 나에게 누군가 광화문 광장을 설계할 수 있는 권한을 준다면 어떻게 하면 더 편리하고 효율적인 공간이 될 수 있을까를 고민했을 것 같아. 그런데 내 생각이 틀렸어. 광화문이 촛불 광장의 역할을 하고 결과적으로 상상할 수 없는 일이 이루어지는 장소가 될 수 있을 것이라고는 결코 생각해 본 적이 없어. 정말 놀라운 일이야." 라고⋯.

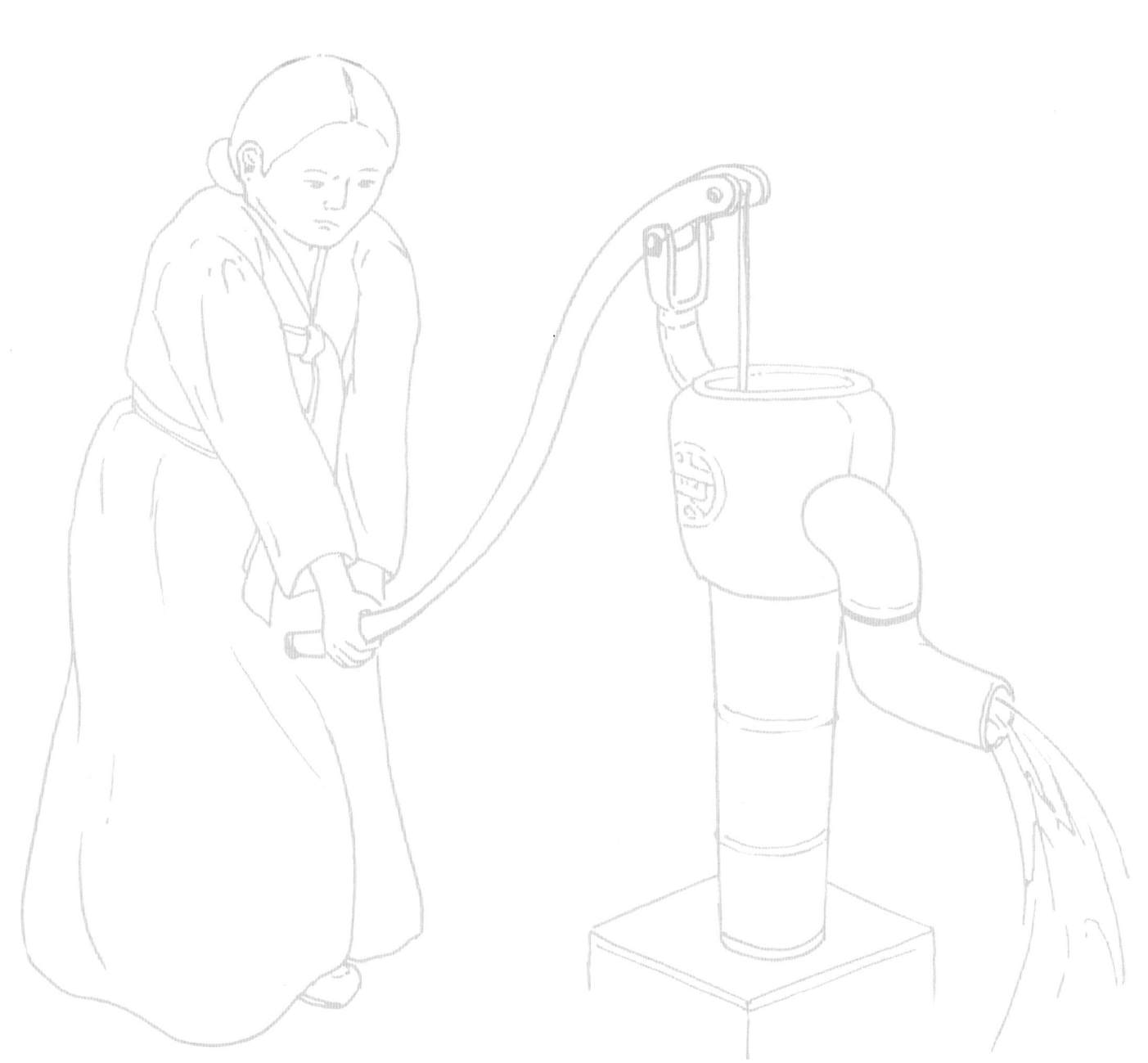

미술치료전문가의 셀프치유프로그램

〈보는약〉 사용설명서

1. 효능 · 효과

일반적 용법

1. 추억의 즐거움과 몰입이 주는 긍정적 정서 재경험
2. 면역체계(치유호르몬) 활성화, 뇌기능 유연성(Brain Plasticity) 증진
3. 집중력 유지와 강화

포장단위

가족 .... 20 매
놀이 .... 20 매
그리운 이야기 .... 20 매

사용상의 주의사항

〈보는약〉프로그램은 특허청 산업재산권(41-0388343)으로 법의 보호를 받고 받습니다.
본인을 위하여 사용하는 용도 외에는 사용허락과 사전교육이 필요합니다.

2. 작용·특성

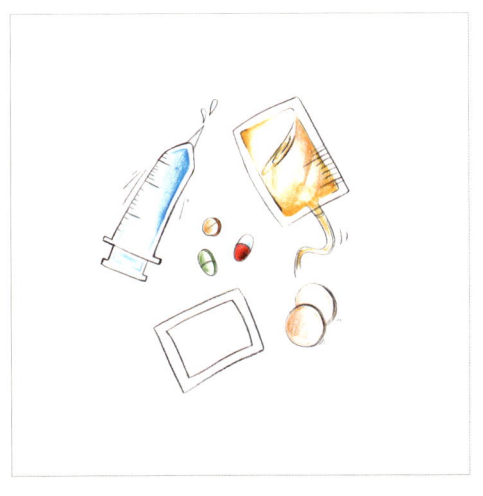

일반의약품   〈보는약〉

알약, 주사약, 링거, 패치 등은 전문의의 처방을 받아 외부로부터 체내로 물리적 도움을 받을 수 있는 반면, 〈보는약〉은 분자 수준에서 마음이 물질에 작용해 뇌가 언제나 자체적으로 생성해 내는 약[1]을 조제하는 일입니다.

내 자신이 처방하며 내 안으로부터 시간이 축적된 에너지를 끌어올려 스스로를 도울 수 있도록 작용합니다. 내 안의 기억을 잘 살필수록, 또한 몰입이 깊어질수록 효과는 더욱 커질 것입니다.

---

1) David R. Hamilton, 『마음이 몸을 치료한다』, 장현갑·김미옥(역), 불광출판사, 2012.

3. 사례 예시

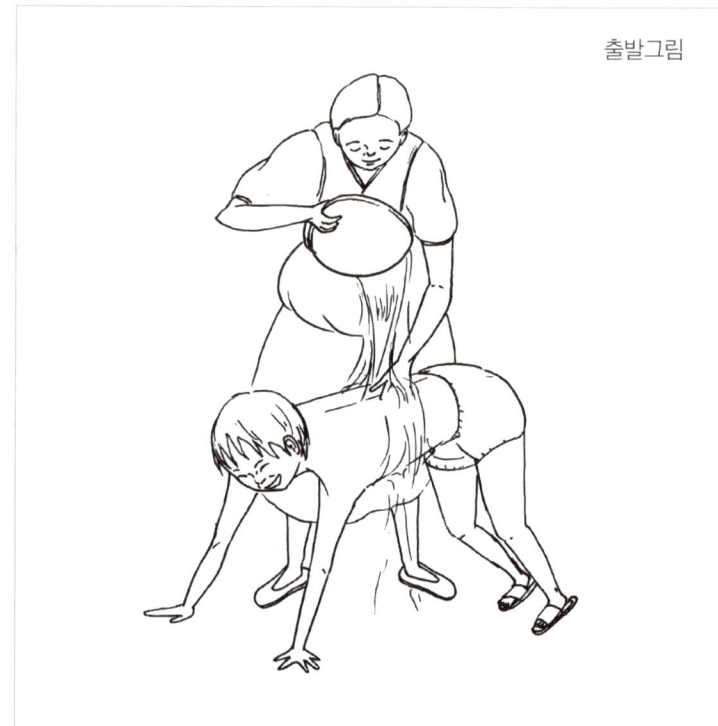
출발그림

1) 컬러링(색연필) 예시

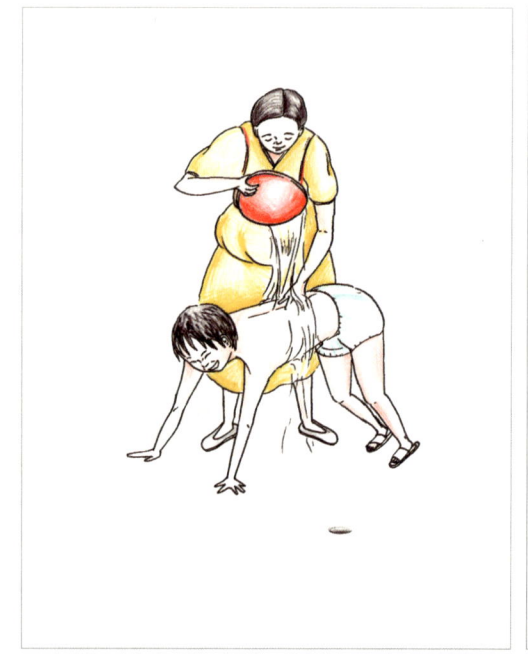

2) 꼴라쥬기법 예시

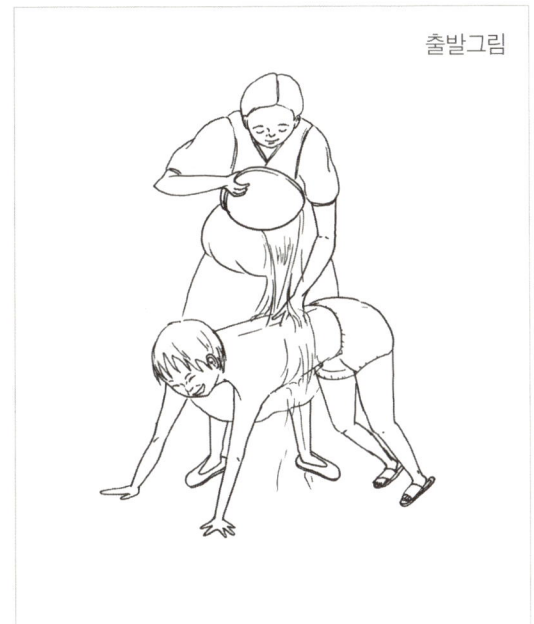
출발그림

4. 매체활용 확장프로그램 예시

1) 빨래 널기

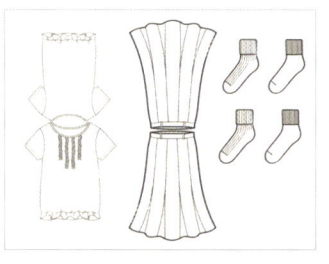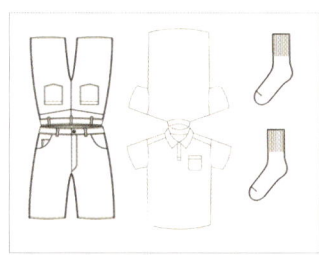

2) 간식 만들기

※ 자료제공/ 유미경(과천노인복지관 미술치료강사)

미술치료전문가의 셀프치유프로그램 〈보는약〉
제1부 가족

미술치료전문가의 셀프치유프로그램 〈보는약〉

첫 글씨쓰기 배우는 날

글을 배우기 전 제일 많이 한 말… "엄마", "아빠"
글을 배우고 난 후 제일 많이 쓴 말… "사랑해요."

미술치료전문가의 셀프치유프로그램 〈보는약〉

엄마품의 자장가

'자장자장 우리 아기 자장자장 잘도 잔다.'

제1부 _ 가족 25

미술치료전문가의 셀프치유프로그램 〈보는약〉

엄마손은 약손

"엄마 손은 약~손, 강아지 배는 똥~배! 엄마 손은 약~손, 강아지 배는 똥~배!"
엄마의 목소리 때문인지, 따뜻한 손 때문인지, 아니면 걱정스러운 눈빛 때문인지,
어느새 아픈 배는 낫고 스르륵 잠이 듭니다.

미술치료전문가의 셀프치유프로그램 〈보는약〉

할머니 뽀뽀

"아이고 우리 강아지!"

미술치료전문가의 셀프치유프로그램 〈보는약〉

목말

"아빠, 이쪽!! 그쪽이 아니라 이쪽으로 가라구!!"
아빠는 궁금합니다. 아들이 보고 있는 한 뼘만큼 크고 멀리 보이는 세상이….

미술치료전문가의 셀프치유프로그램 〈보는약〉

첫 입학식

머리맡에 고이 모셔둔 빨간색 책가방, 밤마다 하루하루 손꼽으며 기다리던 그 날….
손수건처럼 하얀 설렘이 꽉 찬 그 날….

미술치료전문가의 셀프치유프로그램 〈보는약〉

우리집 강아지

가족이 부를 땐 "흰둥아~!"
내가 부를 땐 "동생아~!"

미술치료전문가의 셀프치유프로그램 〈보는약〉

벌 서는 날

'종소리야, 빨리 울려라. 제발 ….'

미술치료전문가의 셀프치유프로그램 〈보는약〉

이빨뽑기

까치는 내 이빨을 잘 물고 갔을까?

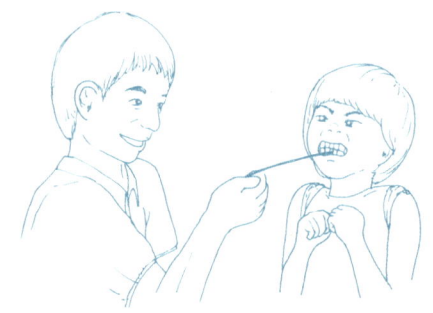

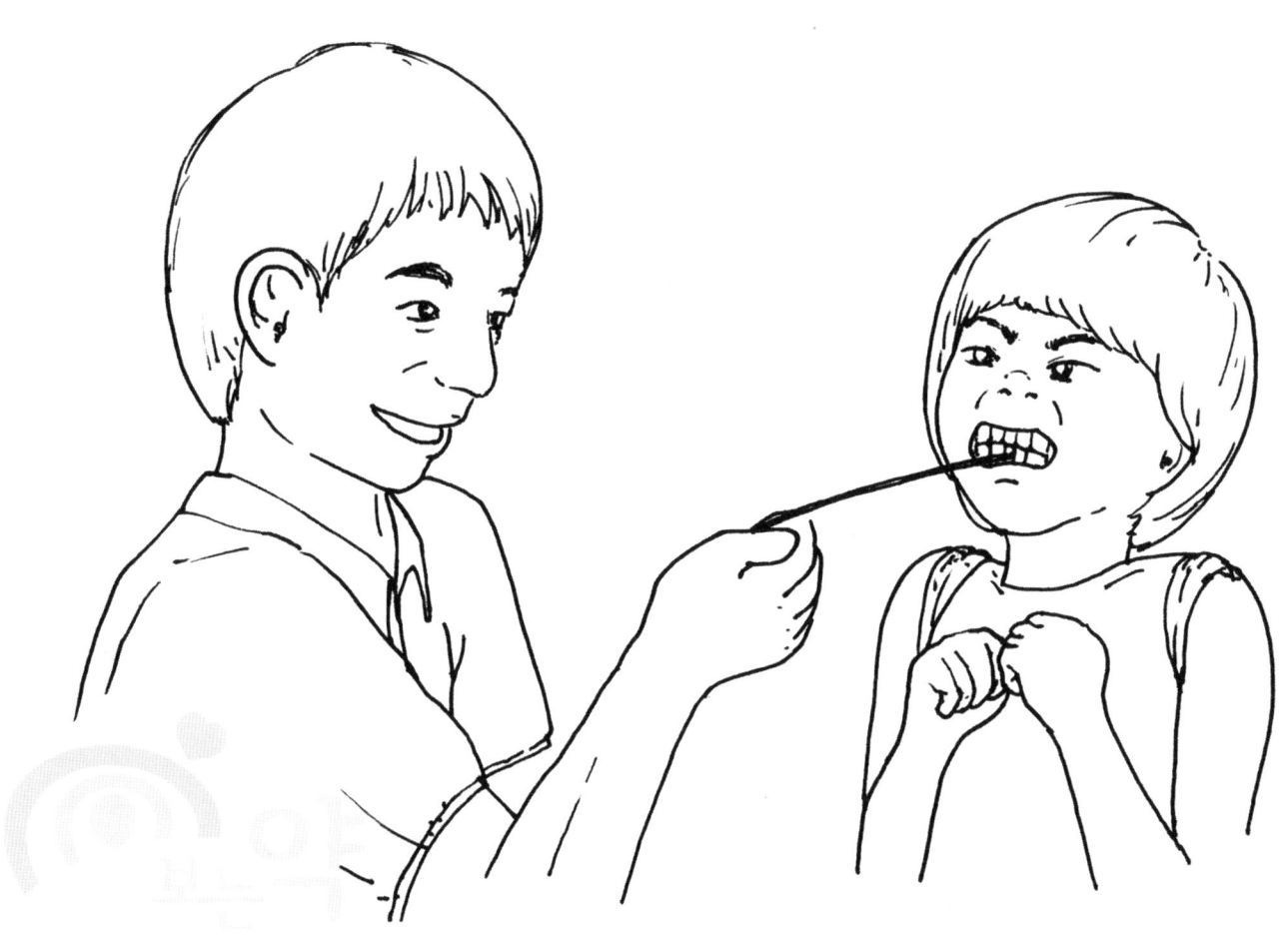

미술치료전문가의 셀프치유프로그램 〈보는약〉

고마운 누나

〈달밤〉

누나는 조그맣게 울었다.
그리고 꽃씨를 뿌리면서 시집갔다.
…

- 사랑을 잃고 나는 쓰네 / 기형도 추모문집 가운데 -

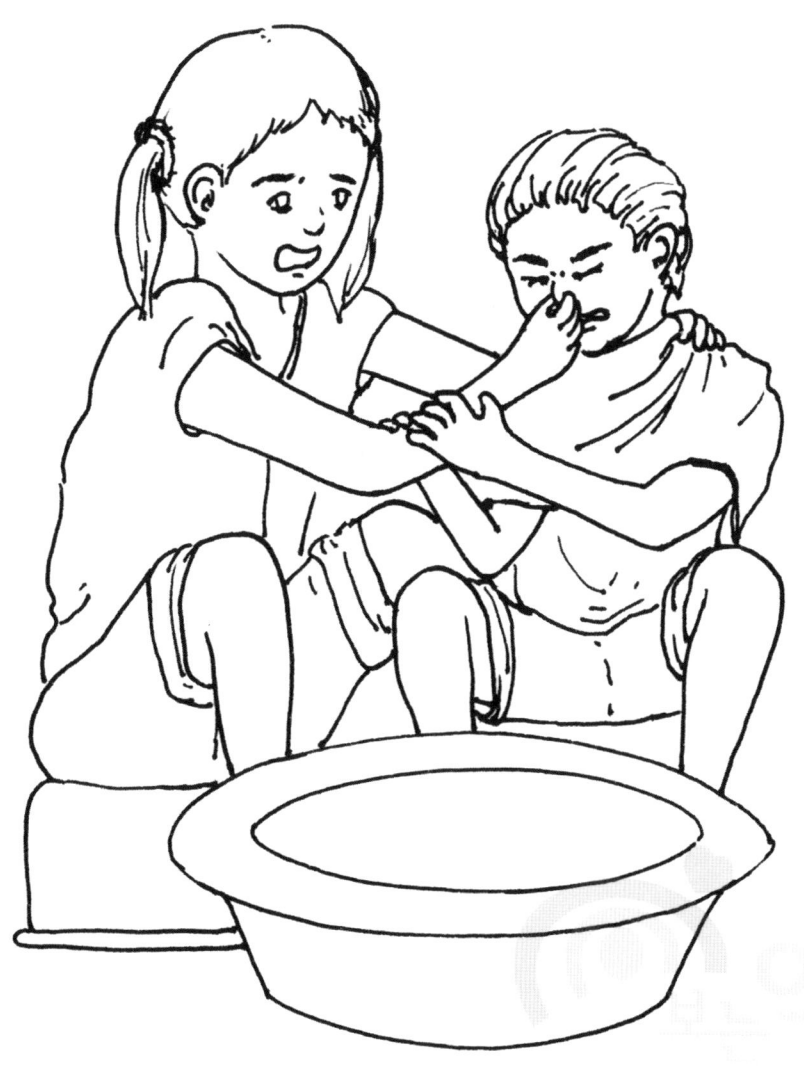

미술치료전문가의 셀프치유프로그램 〈보는약〉

등목

"움직이지 말라니깐!" "찰싹!"
"씻고 그만 좀 돌아다녀!" "찰싹!"
"찰싹! 찰싹!" "앗 차거워!"
허공에 '찰싹' 소리만 울립니다.

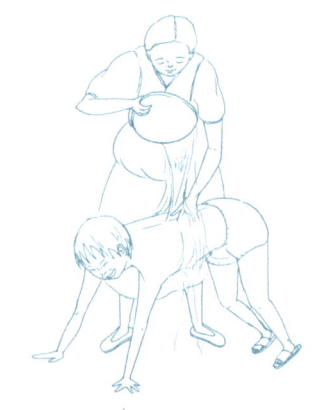

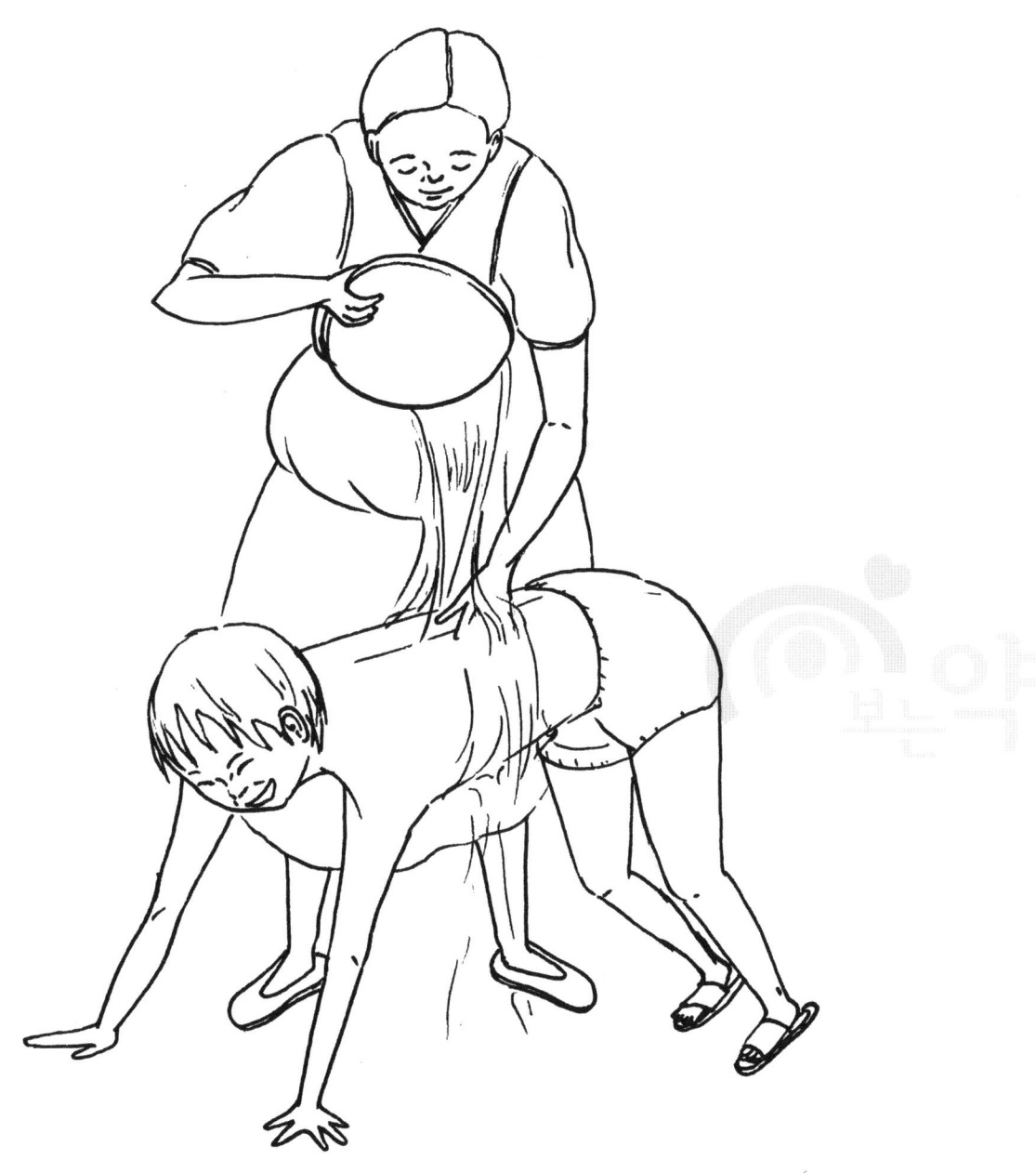

미술치료전문가의 셀프치유프로그램 〈보는약〉

한여름의 물놀이

그 빨간 고무대야는 어디로 갔을까?

미술치료전문가의 셀프치유프로그램 〈보는약〉

텔레비전 속의 영웅

원더우먼과 육백만불의 사나이가 되리라!! 담벼락에서 뛰어내려서 오늘은 발목이 꺾였지만 내일은 초능력자가 될 수 있을 것만 같습니다.

제1부_가족　47

미술치료전문가의 셀프치유프로그램 〈보는약〉

봉숭아 물 들이는 날

첫 눈이 내릴 때까지 잘 버텨 줘야 할 텐데….

미술치료전문가의 셀프치유프로그램 〈보는약〉

눈사람 만들기

다리도 없는데 어디로 가버렸을까?
추울까봐 둘러준 내 마음만 남겨 놓고….

미술치료전문가의 셀프치유프로그램 〈보는약〉

할머니 오시는 날

할머니께서 주신 용돈, 엄마한테는 뭐라고 이야기할까?

미술치료전문가의 셀프치유프로그램 〈보는약〉

콩국수 먹는 날(맷돌)

맛 없는 콩이 맛있어지는 그 비결은 어디에 숨어 있었을까?

미술치료전문가의 셀프치유프로그램 〈보는약〉

냇가 빨래터

혼자하면 빨래

둘이하면 대화

모여하면 동네 방송국

미술치료전문가의 셀프치유프로그램 〈보는약〉

아궁이와 가마솥

소망들은 얼마나 활활 타올랐을까?
걱정들은 또 얼마나 재로 남았을까?

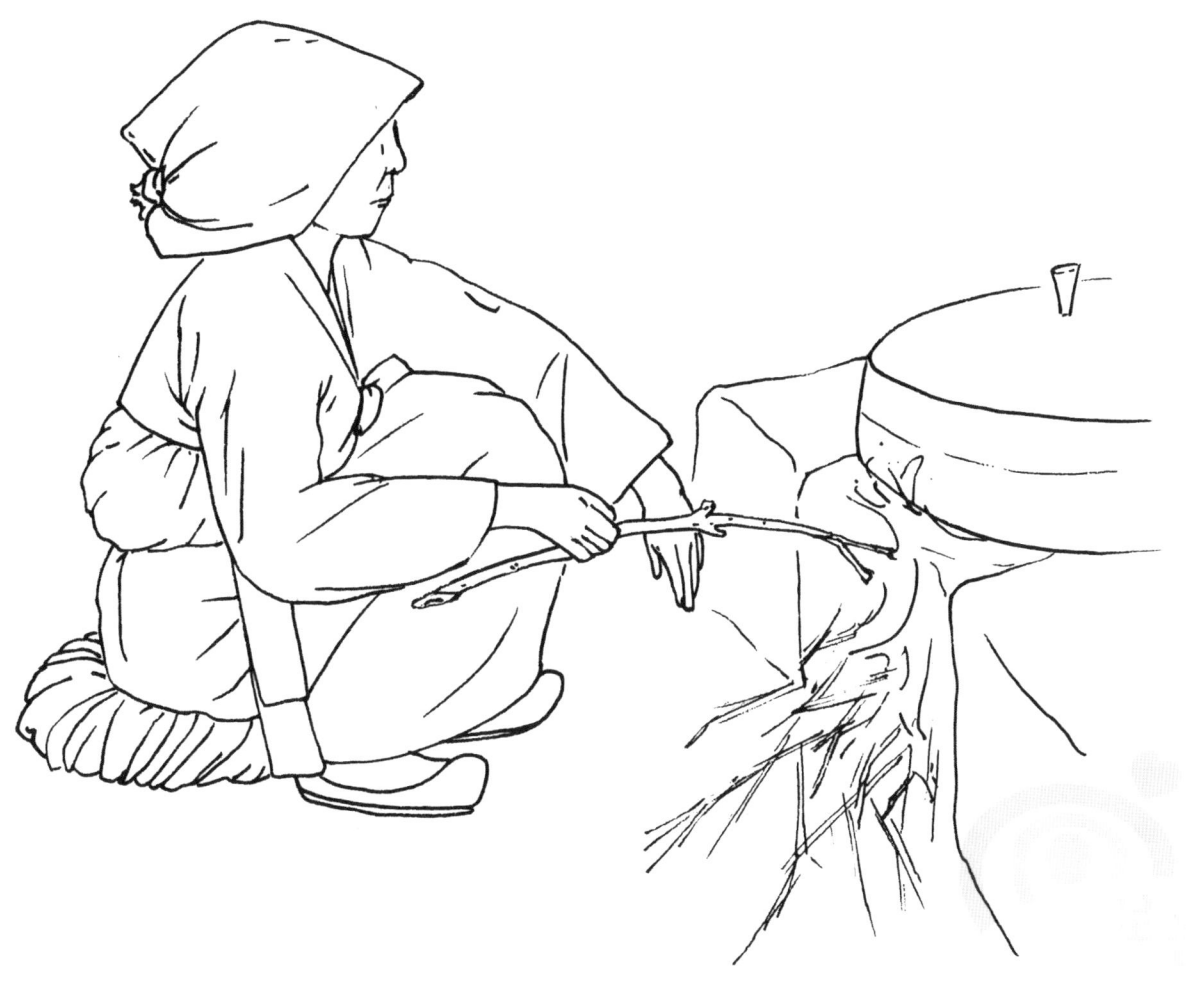

미술치료전문가의 셀프치유프로그램 〈보는약〉

결혼식

신랑과 신부가 오래도록 행복하게 살라고, 암수 한 쌍의 나무 기러기를 놓았어요.
술잔에 든 술을 나누어 마시고 부부로서 서로가 하나됨을 약속하였지요.

제1부_가족 61

미술치료전문가의 셀프치유프로그램 〈보는약〉

제2부 놀이

미술치료전문가의 셀프치유프로그램 〈보는약〉

호박꽃과 소꿉장난

"호박은 언제나 울타리나 담장 아래서 자라곤 했다. 아침 저녁으로 호박이 자라는
모습을 눈여겨보며, 기어오르면서 감아드는 호박순처럼 우리도 자랐다.
호박을 먹고 호박꽃을 따서 놀이도 하면서…."

우리를 영원케 하는 것은 _ 호박꽃에 어린 순수 중 / 유안진(1986)

미술치료전문가의 셀프치유프로그램 〈보는약〉

모래(두꺼비)집 짓기

"두껍아, 두껍아! 헌 집 줄게 새집다오!"

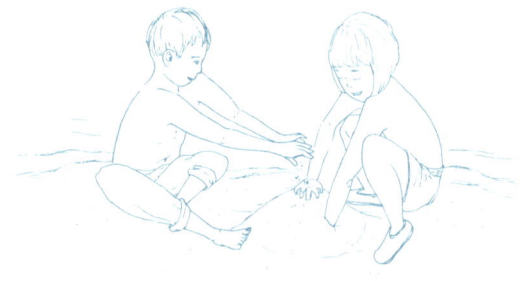

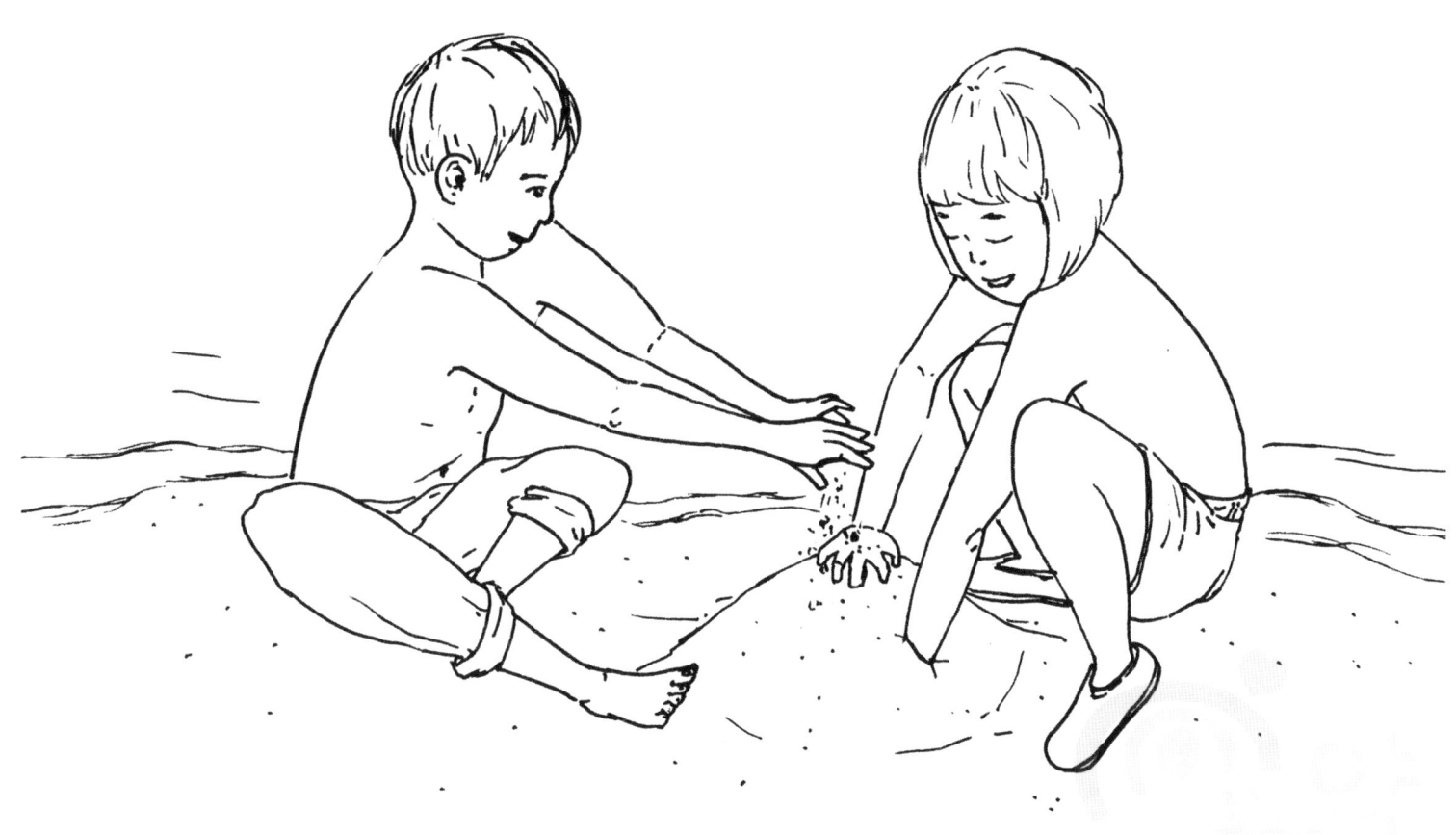

미술치료전문가의 셀프치유프로그램 〈보는약〉

냇가의 물놀이

어! 내신발은 어디로 갔지?

미술치료전문가의 셀프치유프로그램 〈보는약〉

물고기 잡기

〈물고기 잡는 법〉
열 번째의 실망에도 열한 번째의 설레임을 던지는 것

미술치료전문가의 셀프치유프로그램 〈보는약〉

메뚜기 잡기

조용…. 호흡을 참고, 한 번에 낚아채듯이!!

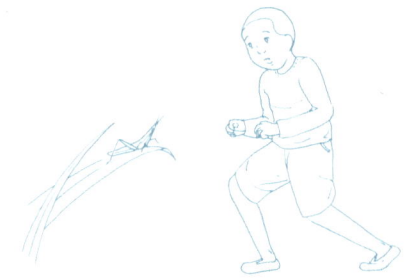

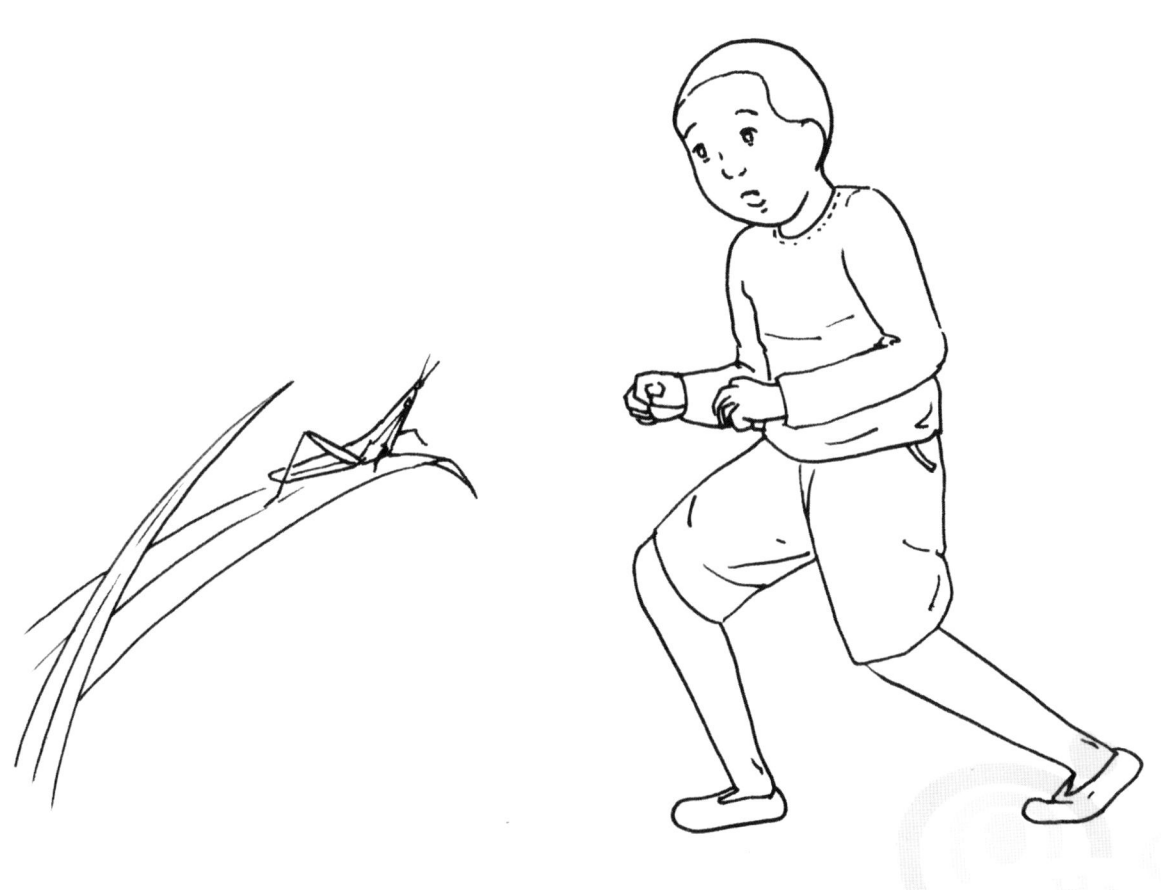

미술치료전문가의 셀프치유프로그램 〈보는약〉

풀잎우산 만들기

우산도, 팔찌도, 꽃반지도 만들었지만
지금껏 못해 본 아쉬운 하나…. 네잎클로버 찾기!

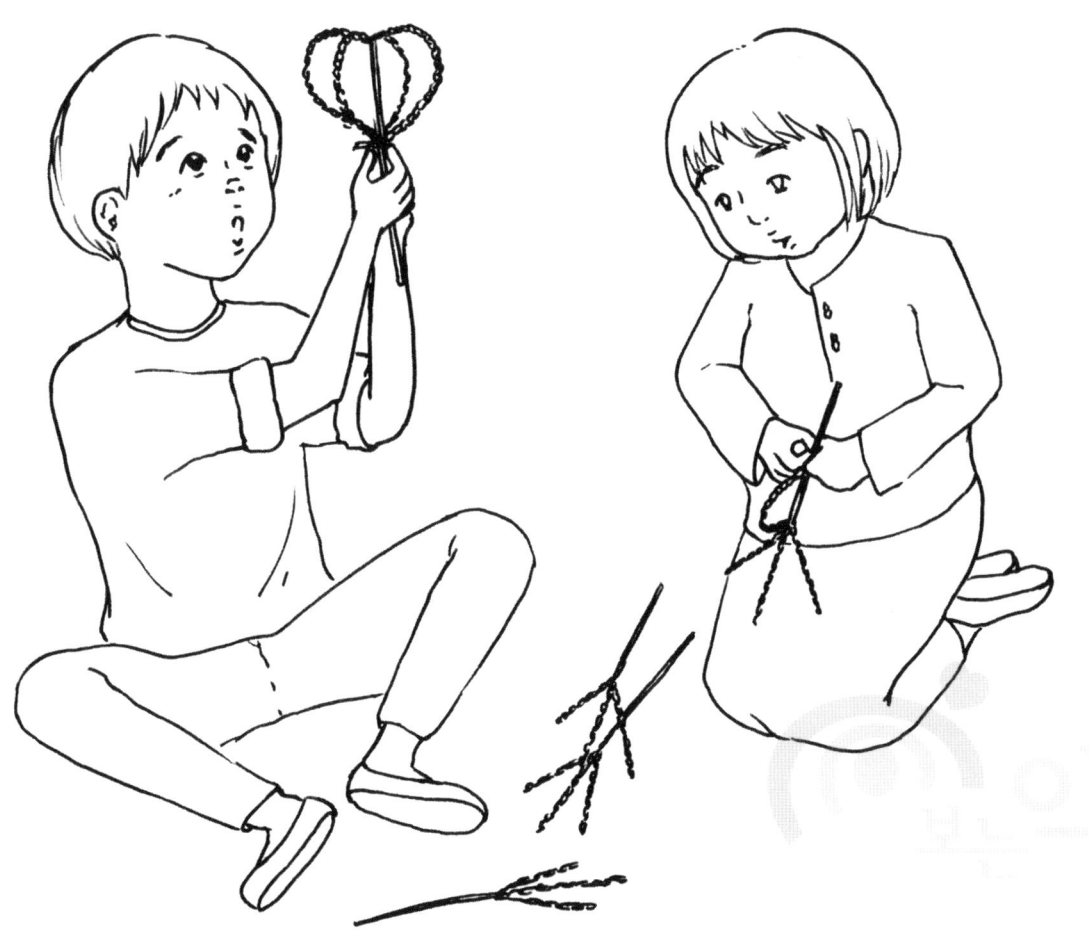

미술치료전문가의 셀프치유프로그램 〈보는약〉

아카시아잎의 설렘

"고백한다, 안한다, 고백한다, 안한다, 한다, 안한다…."

미술치료전문가의 셀프치유프로그램 〈보는약〉

비석치기

특별한 놀이도구도 없던 그 시절, 도둑발, 토끼뜀, 오줌싸개, 발등부터 위로 오르며
재미있는 명칭을 단계별로 붙여가며 그렇게 진지할 수가 없었습니다.

미술치료전문가의 셀프치유프로그램 〈보는약〉

사방치기

아침 댓바람부터 눈 비비고 나온 셋!
편을 못 갈라 다른 친구들 나올 때까지 나는 깍뚜기라네~!

미술치료전문가의 셀프치유프로그램 〈보는약〉

공기놀이

조막만한 손이 어찌 그리 날래고 예쁘게 움직이는지….
손등에 올린 공깃돌을 착착 받아내는 손놀림이 물찬 제비 같다.

미술치료전문가의 셀프치유프로그램 〈보는약〉

구슬치기

왕구슬, 예쁜 구슬을 따먹기 위해 얼마나 치열했었는지….
바쁘게 구슬을 쫓아가는 긴장한 눈 들….

제2부 _ 놀이

미술치료전문가의 셀프치유프로그램 〈보는약〉

자치기

연신 잘 날아가던 그 자가 담을 넘던 순간, 우리는 그저 얼굴만 바라볼 뿐이었습니다.
〈개조심!〉

미술치료전문가의 셀프치유프로그램 〈보는약〉

딱지치기

대부분 신문지를 접고 이따금 단단한 과자 상자가 들어오는 횡재한 날에는
두꺼운 상자로 딱지를 접어 치면 그 날은 영락없는 "딱지왕"이 되는 날이었지요.

미술치료전문가의 셀프치유프로그램 〈보는약〉

무궁화꽃이 피었습니다

"무궁화 꽃이 피었습니다!"
"무궁화 꽃이 피었습니다!"
그렇게 많이 무궁화 꽃을 피웠으면 나라 전체가 무궁화 천지였을텐데….

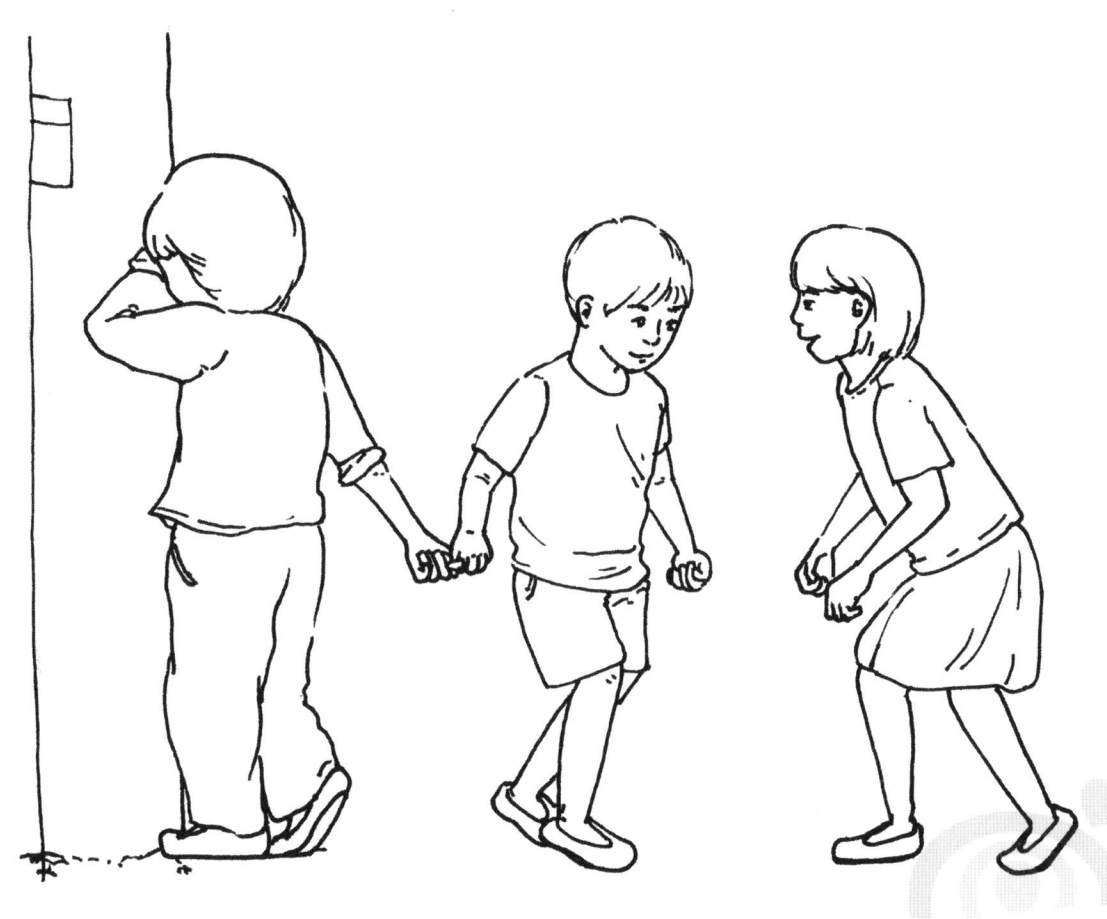

미술치료전문가의 셀프치유프로그램 〈보는약〉

널뛰기

냅따 뛰어 올라 오르는 듯 내려 밟아 상대편 널을(너를)
널판지 위로 솟구치게 만들고 저도 또 솟아 오르던…
널 위해 널 판자 놓고 널 만들어 널 뛰기 하던 그때 그시절 그 친구들 생각난다.

- 널뛰기의 추억 / 정홍성 -

미술치료전문가의 셀프치유프로그램 〈보는약〉

고무줄놀이

🎵 장난감 기차가 칙칙 떠나간다, 과자와 설탕을 싣고서! ♪
♪ 엄마 방에 있는 우리 아기한테 갖다주러 갑니다! ♭

미술치료전문가의 셀프치유프로그램 〈보는약〉

말뚝박기

"야아~ 빨리 타! 버텨! 버텨!"
"흔들어! 흔들라구!"
"가위 바위 보! 빨리해 빨리!!"
각자가 다른 목소리로 말해도 시간 가는 줄 모르고 놀 수 있었던 건
다음엔 다른 내가 말을 탈 차례가 올 수 있었기 때문입니다.

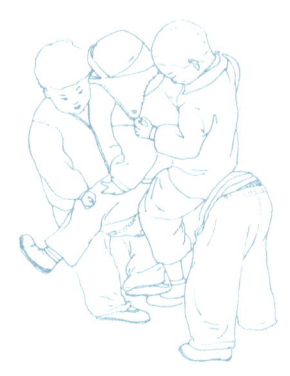

미술치료전문가의 셀프치유프로그램 〈보는약〉

종이딱지 놀이

"별 많은 거 해, 가위바위보로 할까, 글자수 많기?
아니면 '푸!' 하고 불어 넘기기를 할까?"

미술치료전문가의 셀프치유프로그램 〈보는약〉

연날리기

명주실에 사기가루 먹여 할아버지께서 만들어 주신 내 가오리연.
전깃줄에 걸려 밤새 아까워 잠 못 이룬 그날….
아까운걸 비워내야 하는 그 첫 쓰라림도 이제 미소로 마주하게 됩니다.

미술치료전문가의 셀프치유프로그램 〈보는약〉

팽이치기

쌩쌩 쌩쌩 바람이 바람이 불어오면 펄펄 펄펄 눈이 온다 팽이를 치러 가자!
색동옷을 곱게 입고 꽁꽁 얼어 붙은 하얀 도화지엔 동심이 그려진다.
– 동요 팽이치기 중 –

미술치료전문가의 셀프치유프로그램 〈보는약〉
제3부 그리운 이야기

미술치료전문가의 셀프치유프로그램 〈보는약〉

원두막, 수박서리

그 때의 사건은 모이면 아직 회자됩니다.
곤란한 건 서로의 기억이 너무 다르다는 것입니다.
다음에 모여도 우린 같은 이야길 하게 될 겁니다.

미술치료전문가의 셀프치유프로그램 〈보는약〉

손 떨리는 달고나 떼기

오리, 나무, 십자가, 열쇠…. 최고 난이도는 역시 별!

미술치료전문가의 셀프치유프로그램 〈보는약〉

설탕과자 뽑기

"얘야, 기억하렴…. 타고난 복, 따라다니는 운,
그걸 다 이기는 것이 평범함의 복이란다."

미술치료전문가의 셀프치유프로그램 〈보는약〉

"뻥이요!"

쌀, 옥수수, 누룽지, 길게 늘어선 줄, 드디어 내 차례….
"뻥이요!" 하는 그 자리를 잠시도 떠나지 못합니다.

미술치료전문가의 셀프치유프로그램 〈보는약〉

팥빙수기계 앞에서

그 순간 나는 팥빙수 가게 아저씨가 되어 보는 것이 소원이었어요.

제3부 _ 그리운 이야기 115

미술치료전문가의 셀프치유프로그램 〈보는약〉

아이스케키의 첫 만남

맨처음 차가움에 소스라치고 두 번째는 나도 모르게
눈을 감고 녹아내리게 되는 진한 달콤함의 기억.

미술치료전문가의 셀프치유프로그램 〈보는약〉

난로에 도시락 쌓기

어쩌다 제일 밑에 깔린 내 도시락, 탈까봐 조마조마….

제3부 _ 그리운 이야기 119

미술치료전문가의 셀프치유프로그램 〈보는약〉

리어카 놀이

"아빠 몰래 한 시간만 가지고 나와서 놀면 안돼?"

제3부 _ 그리운 이야기　121

미술치료전문가의 셀프치유프로그램 〈보는약〉

소독차가 우리 동네에

동네에 어디선가 낯선 소음이 들리면 약속한 듯이 뛰어나갑니다.
뿌연 연기의 마법에 걸려 신이나서 이 골목 저 골목으로 몰려다닙니다.

미술치료전문가의 셀프치유프로그램 〈보는약〉

참새 잡기

"우린 방 문 뒤에 숨어있다가 새가 오면 한 번에 확 잡아당겨야 해!"

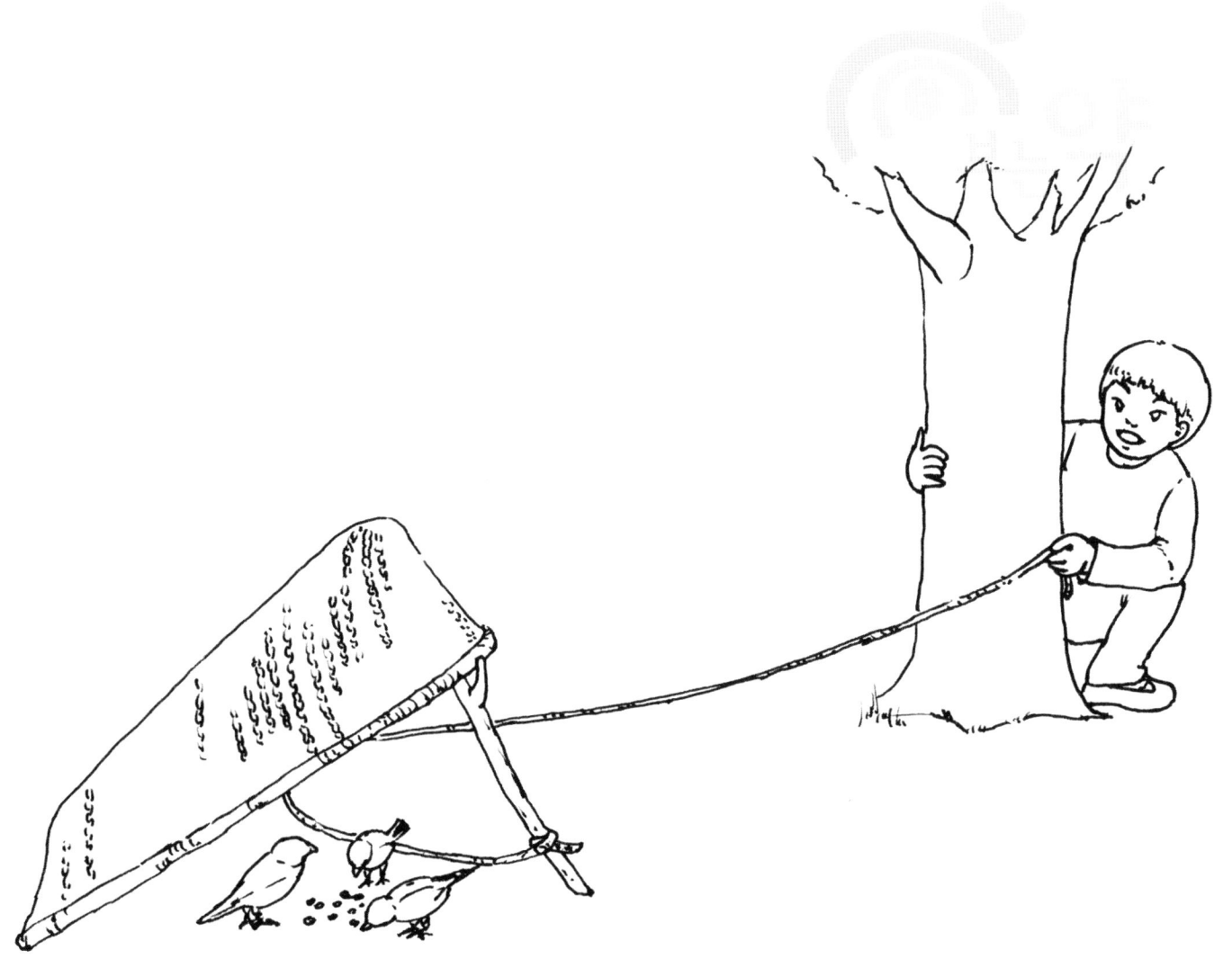

미술치료전문가의 셀프치유프로그램 〈보는약〉

교복

그 때 그 시절엔 교복을 입으면 왜 꼭 바지주머니에 손을 찔러 넣고
저절로 짝다리 집고 삐딱하게 서게 되었던 걸까요?

미술치료전문가의 셀프치유프로그램 〈보는약〉

장발단속

기타치며 폼 잡아야 하는데 알아주지도 않고….

제3부 _ 그리운 이야기 129

미술치료전문가의 셀프치유프로그램 〈보는약〉

미니스커트 단속

꽃다운 나이 부럽기만 합니다. 무엇을 한들 안 예뻤겠어요?

미술치료전문가의 셀프치유프로그램 〈보는약〉

힘센 버스 안내양

"오라이~! 오라이!"
버스 문 손잡이를 힘껏 잡고 밀려나온 승객을 배치기로 밀어 올립니다.
문이 열린 채 매달려 가는 20번 버스 안내원 누나는 정말 용감했습니다.

미술치료전문가의 셀프치유프로그램 〈보는약〉

연탄갈기

제일 따뜻한 아랫목은 퇴근하실 아빠밥, 그리고 메주….
갈라진 방구들 틈새로 새어나온 연탄가스를 마시게 되면 어머니께서 떠 먹여주신
동치미 국물 덕분인지 한참만에야 정신이 돌아오곤 했습니다.

제3부 _ 그리운 이야기

미술치료전문가의 셀프치유프로그램 〈보는약〉

나물캐는 어머니

한 손에 망태기와 다른 손에 칼을 들고 산으로 들로 돌아다니며
허리를 구부린 어머니는 그렇게 힘들게 캔 쑥으로 맛있는 쑥버무리를 해주셨습니다.

미술치료전문가의 셀프치유프로그램 〈보는약〉

앞마당의 물 펌프

한바가지 마중물에 끝도 없이 뿜어져 나오는 물폭포가 정말 신기했습니다.

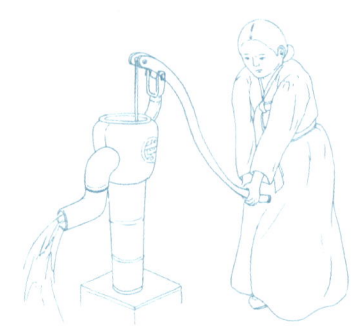

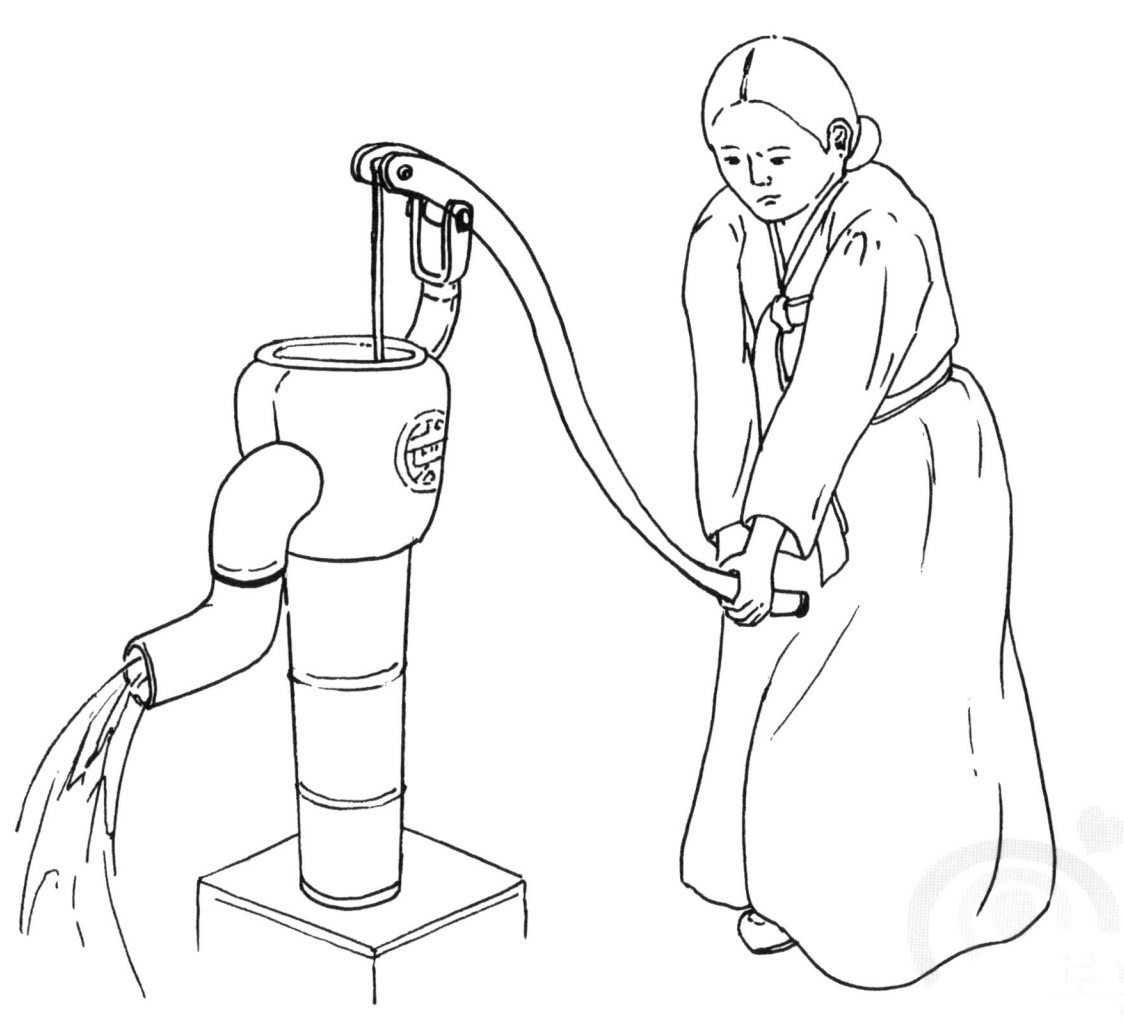

미술치료전문가의 셀프치유프로그램 〈보는약〉

다듬이질

낭군님은 지게 매여 먼 산나무 떠나시고 독수공방 다듬이질에 졸음 깨니 한도 많네.
임 걱정에 다듬질을 내어 싫으련만 이 방망이는 한쌍인데 삼경밤에 나는 혼자네.
...

— 다듬이질 노래 중 —

미술치료전문가의 셀프치유프로그램 〈보는약〉

새

"새 소리를 꽃바구니에 담아 돌아갈 수만 있다면 얼마나 좋을까요?"
― 짧은 동시 긴 생각 / 김용희 ―

미술치료전문가의 셀프치유프로그램 〈보는약〉

황소

꿇어 앉은 소가 밤새 씹고 있는 것은 칠흑같은 외로움인지도 모릅니다.
끊을 수 없는 질긴 슬픔인지도 모릅니다.
…

- 처음처럼 / 신영복(2016) -

제3부 _ 그리운 이야기

전문가 참고사항

미술치료, 치유 메커니즘 해석을 시도하다

현장에서 대두되고 있는 목소리들 중의 하나가 미술치료 프로그램의 메커니즘을 설명하려는 노력이다. 많은 심리치료 기법들이 연구·활용되고 있는 요즘의 현실에서 이미 김창곤(2015)[1] 이 지적했듯이 과학적이고 체계적인 대상과 치료접근, 그 효과에 대한 인과론적 치료기전에 대한 설명요구에 성실하게 답하는 노력이 필요한 때인 것 같다.

나는 긍정적 재해석, 긍정적 초점 변경과 인지적 대처를 논한 두 편의 논문[2]에 좋은 프로그램으로 답하고 싶었다. 오래 걸리긴 했지만, 명상보다 환경의 영향을 덜 받으며 심상이 드러날 수 있도록 계획되고, 때로는 머무르는 시간이 될 수 있도록 다루어지는 다양한 매체는 더 없이 매력적인 미술치료 고유의 특성이며 장점이다.

2016년 10월 서울대학교에서 〈상담의 효과를 높이는 맥락적 모델의 이해와 적용〉이라는 주제로 열린 국제학술대회에서 웜폴드 Bruce E. Wampold 교수는 다양한 사례를 들어 효과적인 설명이 가지는 내담자 귀인의 중요성에 대하여 설명했다. "내담자가 심리치료에서 의미를 만들고 기여한다는 것, 즉 앞으로 무엇을 할 것이고, 어떻게 도움이 되는지 설득하는 것이 상담 성과를 좌우한다"며 공감적 관계와 내담자가 가지는 기대의 중요성을 설명했다. 이 시간은 당시 의미와 반추 등을 어떻게 풀어나갈 것인가를 고민하던 나에게 구체적인 밑그림을 그릴 수 있는 중요한 계기가 되었다. 꽤 오랜 시간 이론을 검토하고 임상현장의 이야기를 접하며 보완해 오는 동안 우리 프로그램의 설득력은 더욱 높아졌다.

---

[1] 김창곤(2015). 한국의 예술치료와 호스피스 완화의료. 한국 호스피스·완화의료학회, 18(2).

[2] ① 김아라, 이승연(2016). 감사성향과 역경후 성장의 관계에서 의도적 반추와 긍정적 재해석의 매개효과-관계 상실 경험 중년을 대상으로. 한국심리학회지 : 발달, 29(1).
② 차지은, 이명선(2013). 혈액투석환자의 인지적 대처전략에 따른 희망, 우울 및 삶의 만족에 미치는 영향 정도. 성인간호학회지, 25(4).

〈보는약〉의 메커니즘 개략도

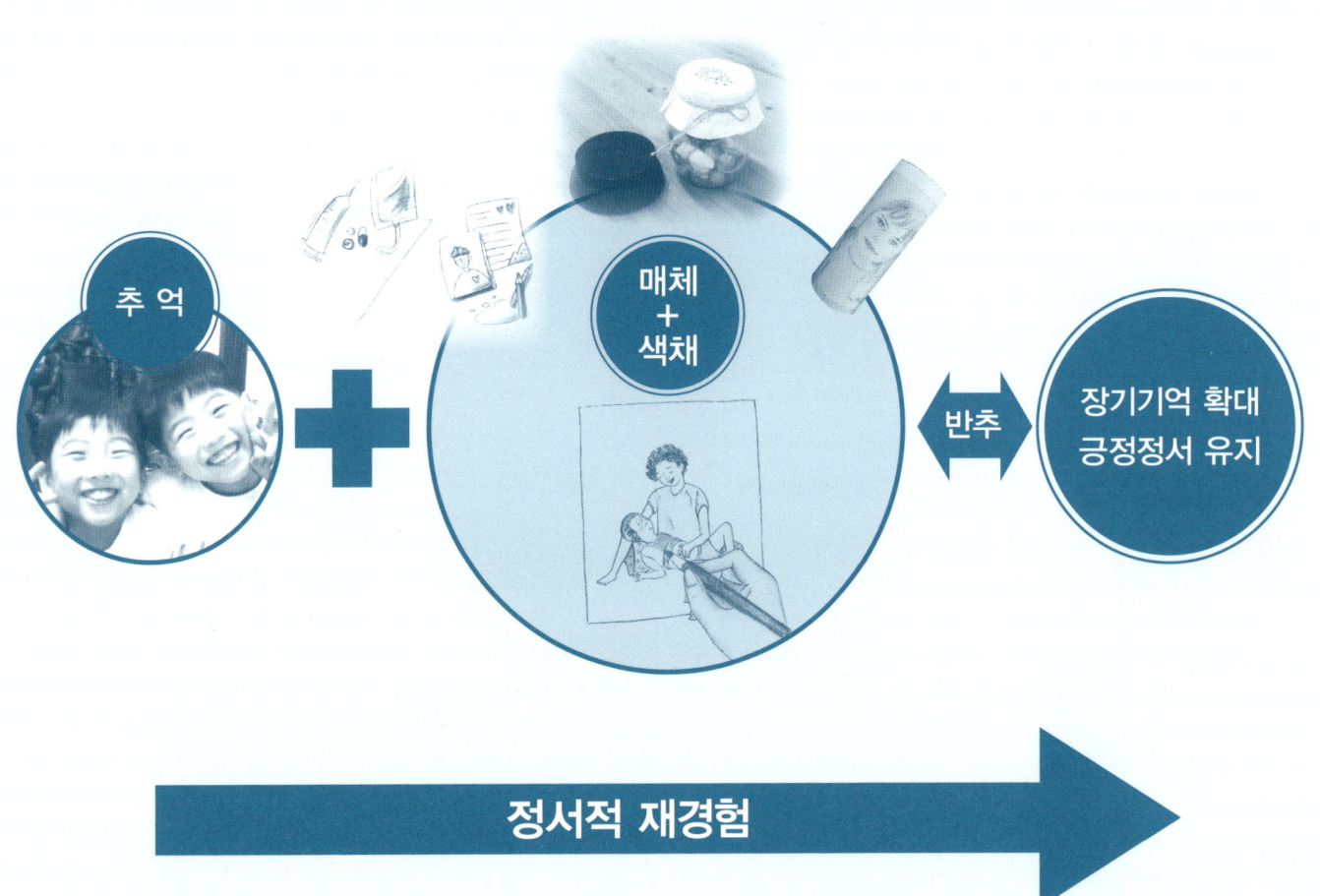

〈보는약〉의 치료 과정을 간단하게 설명하면 다음과 같다.

1. 추억을 주제로 한 시각적 자극을 제공하고,
2. 과거의 경험 속으로 몰입하게 함으로써 긍정적 정서^{행복감, 감사, 자존감, 카타르시스 등}를 극대화하며,
3. 의도적 반추로 장기기억을 확대하여 긍정적 정서를 유지한다.

이는 다카다 아키카즈^{高田明和3)}가 말한 마음을 즐겁게 하는 뇌의 첫 번째 비밀(아름다운 추억)을 푸는 열쇠가 되고, 레티히^{Daniel Rettig}가 말하는 '소중하게 보관하면서 필요할 때마다 열어보는 보물상자' 4)를 만드는 일이 되기도 한다. 그는 기억이 아름다운 경험을 불러내어 과거가 우리 안에 계속 살아 있다는 것을 확인하며 정신적 위기를 치료한다고 믿었다.

우리가 과거를 추억하며 작업을 해 나가는 동안 떠오르는 기억과 구체적인 느낌은 때로는 격렬하게, 때로는 감동적으로 밀려오기도 하는데, 이러한 경험은 새로운 의미로 재해석되어 강화되며 재기억되기도 한다. 그린버그^{Leslie S.Greenberg} 등은 이를 '정서적 재구성^{emotional restructuring}'을 이룰 수 있는 결정적인 변화의 열쇠' 5)라고 한 바 있다.

이 과정을 뇌과학자들은 어떻게 설명할까? 세계적인 한국계 뇌과학자 승현준은 '커넥톰' 6)은 '본성과 양육이 만나는 장소'이며, 자신의 유일성에 있어 자신의 기억보다 더 중요한 것은 없다고 언급하며 '나는 나의 커넥톰이다'라고 매우 근사한 은유적인 표현을 사용하였다. 잠시도 쉬지 않는 뇌의 신경 활동을 개울물의 흐름에 비유하고, 물의 흐름이 만들어 놓은 물길 즉 하천바닥을 커넥톰에 비유하였다. 우리가 우울한 기분의 경로를 다른 기분의 경로로 바꾸고자 하는 것, 결국 '정서적 재구성'의 경험이 바꿀 수 있는 그 변화라는 것은 그의 표현을 빌려 쓰자면 '개울물의 흐름이 그 바닥을 점점 더 깊게 만들어서 물이 쉽게 흐르도록 하는 것, 또는 물길을 변화시키는 것'이 된다. 이는 곧 다마지오^{Antonio Damasio}가 이야기한 생물학적 수정을 가능하게 하고,7) 칼슨^{Dale Carlson}이 말한 심리적으로 진화8) 하는 일이라 할 수 있겠다.

이 책은 스스로 찾아가는 소중한 기억이 주는 치유의 힘을 많은 분들과 나누기 위해 기획되었기에 다소 어렵다고 판단되는 내용들은 생략하였다. 나는 뇌과학자가 아니기에 아주 쉽게 설명할 재간도 부족하다. 그래도 확인이 필요한 부분들과 앞으로 공부해 나갈 후배들을 위해 참고문헌과 각주를 달아 제시해 두었다.

---

3) 高田明和, 『마음을 즐겁게 하는 뇌』, 윤혜림(역), 전나무숲, 2009.
4) Daniel Rettig, 『추억에 관한 모든 것』, 김종인(역), 황소자리, 2016.
5) Leslie S. Greenberg, Sandra C. Paivio, 『심리치료에서 정서를 어떻게 다룰 것인가』, 이홍표(역), 학지사, 2008.
6) 여기서는 뉴런의 연결들, 즉 '뉴런다발'이라고 해두자. 자세한 내용은 승현준 〈커넥톰, 뇌의 지도〉와 TED 영상 https://www.ted.com/talks/sebastian_seung#t-49556 참조.
7) Antonio Damasio, 『스피노자의 뇌』, 임지원(역), 사이언스 북스, 2007.
8) Dale Carlson, 『내 마음을 찾습니다』, 신민섭·오서진·김희선(역), 알에이치코리아, 2012.

1. 주제 = 추억, 화수분의 에너지

추억의 개념적 정의가 필요할 수도 있겠지만, 심리치료에서 폭넓게 사용되는 '심상'을 먼저 떠올리게 된다. 특히 미술치료에서 진단적 기능과 치료적 기능을 동시에 가지고 있는[9] 심상의 중요성은 두말할 나위가 없다. 과거 경험에 대한 심상이 우리의 재료라고 할 수 있겠다. 그러나 단어가 다르듯 여러 학문 간 정의는 조금씩 차이가 있다. 한 개인이 과거의 사건과 경험을 그 사건이 일어난 특정 시간, 장소 정보와 더불어 구체적으로 회상하는 경우를 '자서전적 기억Autobiographical Memory'[10] 이라고 한다. 다른 문헌들에는 향수, 장기기억, 일화기억, 표상, 커넥톰(조금 더 광의적이긴 하다) 등 연구과제에 따라 조금씩은 다르게 설명되지만, 교집합으로써 경험과, 경험에 대한 강화된 감각적 정보(정서)가 현재의 기억에 남아있다는 점에서는 이견을 좁힐 수 있을 것이라 본다. 이 책에서는 일반 독자들을 위해 "추억"이라고 통일하여 이야기하며 풀어가고자 한다. 세계적인 웰다잉전문가 바이오크Ira Byock는 그의 저서에서 이런 말을 하였다.

"흥미로운 사실은 격심한 고통을 겪고 있는 말기 환자들에게 과거에 기뻤던 일들이 무엇이냐고 물으면 놀라운 일이 생긴다. 아무리 고통이 심해도 어린 시절을 회상할 때면 얼굴 표정부터 달라져서 미소를 짓거나 심지어 큰소리로 웃기까지 했다"[11]

처음 병동에서 〈보는약〉 프로그램을 실시한 뒤, 진행을 담당했던 선생님은 매우 상기된 목소리로 효과적 개입의 성공 가능성을 알려왔다. 점심시간이 임박해서 식사시간임을 알렸지만, 과거의 의미를 찾는 시간여행을 하는 동안 지금 밥이 문제가 아니라며 몰입하시는 환자들의 모습을 보며 매우 기뻤다는 경험을 전해왔다. 나 역시 최근 두 번째 이미지를 준비하며 공통된 추억의 주제를 찾기 위해 여러 사람을 만나는 동안 최소한 두 가지의 공통적인 반응을 관찰할 수 있었다. 첫째는 그림을 확인한 사람들의 표정 변화다. 대부분의 사람들은 아마 5초도 되지 않는 시간에 그림의 내용을 이해한 뒤 아주 짧은 시간 안에 미소를 지었다는 것이고, 둘째는 자신이 기억하는 추억의 내용이 빠졌을 때

---
9) 최범식, 『심상치료의 이론과 실제』, 시그마프레스, 2009.
10) 김성일, 김채연, 성영신, 『뇌로 통하다』, 21세기북스, 2013.

11) Ira Byock, 『아름다운 죽음의 조건』, 곽명단(역), 물푸레, 2010.

추가로 내용을 그려 넣어야 한다며 구체적으로 적어주거나 설명해 주었다는 것이다.

예전에 기사로 접한 적이 있는 '시간 관점 치료'[12]에서도 과거를 긍정적으로 생각하는 일을 매우 중요하게 다루고 있는데, 한나 모니어Hannah Monyer와 마르틴 게스만Martin Gessmann은 '스트레스와 엄격한 시간 관리에 지친 근대인들이 스스로에게 허락한 휴식'이라며 로베르트 무질Robert Musil의 '삶으로부터의 휴가'[13]를 인용하기도 하였다.

추억의 내용들을 살펴보면 시기적으로 청소년기나 성인기 초반의 사건들을 특히 잘 기억하게 되는데 이는 자신의 정체성 형성에 가장 중요한 시기로, 자아를 정의하는 순간들로 가득 차 있기 때문인 것으로 이해되며, 특별히 '회고 절정reminiscence bump'이라는 이름이 붙어 있기도 하다[14].

내용적으로는 감정이 중요하다고 표시해 둔 일은 기억도 잘 되기 때문에[15], 감정적인 사건들이 그렇지 않은 사건보다 더 강하게 기억에 각인된다[16]. 각인은 흔히 내게 중요한 사람, 사랑하는 사람, 존경하는 사람에게 흡수되거나absorbed 모델링 되어져modeled 새겨지며, 긍정적으로 때로는 부정적으로 행동, 증상, 신념을 만들어내기도 한다[17].

나는 이번 연구를 진행하며 떠올릴 수 있는 각인된 기억 외에 기억에 존재하지 않지만 상상이 가능한 기억들에 대해 새롭게 관심을 가지게 되었다. 그 기억이 오히려 화수분의 에너지이고 내가 건강하게 살아갈 수 있도록 지탱해준 버팀목이 아닐까 생각하며 비교해 보고 싶은 호기심이 생겼다. 한나 모니어Hannah Monyer, 마틴 게스만Martin Gessmann이 '기억 속에는 젊음의 샘이라고 할 만한 것이 존재한다'라고 말한 것도 같은 의미가 아닐까 생각해 본다.

사랑스러운 조카들을 바라보다가 다시 〈보는약〉 그림을 정리하다 보니 어렸을 적 내가 상상이 된다. 아이들을 키울 때 엄마였던 내가 그랬듯이, 어느 날 첫걸음마를 떼고 환희에 찬 부모의 박수를 받았을 때 아기였던 나의 기분은 어땠을까? '까꿍' 놀이에 나는 얼마나 깔깔대며 좋아했을까? 부정하고 싶은 사람은 스스로에게 질문 던져 보아도 좋을 것이다. 이 세상에서 사탕이 제일 커 보이는 시간이 과연 없었을까?!

---

12) https://www.wsj.com/articles/a-different-therapy-to-find-greater-happiness-1377559379.
13) Hannah Monyer, Martin Gessmann, 『기억은 미래를 향한다』, 전대호(역), 문예출판사, 2017.
14) Catherine Loveday, 『나는 뇌입니다』, 김성훈(역), 행성B, 2016.
15) 송민령, 『송민령의 뇌과학연구소』, 동아시아, 2017.
16) Andrew Newberg, Mark Robert Waldman, 『믿는다는 것의 과학』, 휴먼사이언스, 2012.
17) 강혜정, 박은정, 방성규, 『성공과 치유의 심리학 NLP』, 씨이오메이커, 2015.

2. 시각적 각성과 정서변화, 신경생물학적 작용

"그림이 눈에 분명히 이야기할 수 있을 때에라야 그것이 마음에 그 최선을 다함을 기대할 수 있다."

- Arnheim(1997) [18]

아인슈타인이 종종 말보다는 이미지로 생각한다고 이야기한 바 있듯 [19]. 사람은 시각적인 존재로 눈으로 보는 것을 신뢰하고 소비하고 두뇌에 저장한다 [20]. 우리는 시각적 광경을 한 층씩 점진적으로 처리하면서 개별 사항들을 숙달하며, 이해해야 할 연관성 각각에 대해서 열쇠가 되는 자극 하나가 존재하고, 그 열쇠 자극은 특정한 도식적 해석을 끌어들인다 [21]. 이를 다시 다마지오 Antonio Damasio의 관점을 빌어 설명해보자. 우리가 제공하는 〈보는약〉 '회상' 이미지는 뇌의 감각처리시스템에 나타나고 이 신호는 뇌의 다른 곳에 있는 수많은 정서 촉발 부위에 전달된다. 이 부위들은 딱 맞는 열쇠로만 열 수 있는 자물쇠와 같다고 할 수 있는데, 이 때의 열쇠가 바로 정서적으로 유효한 자극이 된다. 변화와 동요, 신체적인 대격동을 일으킬 수 있는 자극 열쇠가 바로 시각 자극으로서의 자신의 경험이 그려진 이미지가 되는 것이다. 자신의 직접적인 경험에 근거하여 몰입하여 작업할수록, 그림에 묘사된 내용에 더욱 공감하게 되는데 [22], 감정도 조건반사적 속성이 있어 감정회로가 활발해지면 감정에서 쉽게 빠져 나올 수 없고, 감정이 가득한 생각에 몰입하면 감정이 점점 강화된다고 할 수 있다 [23].

처음 〈보는약〉 회상 이미지를 들고 병동으로 프로그램을 진행하러 나갔을 때의 일이다. 수술 후 집단프로그램에 참여한 분들 가운데 한 분이 선택한 그림은 아궁이에 불을 지피는 어머니를 연상시키는 그림이었다.

그분은 부뚜막에 파란색 운동화를 그려 놓고 눈물을 지으시며, '우는 것도 괜찮은지' 물으셨다. 우는 것도 좋은 일이라며

---

18) Arnheim, R, 『시각적 사고』, 김정오(역), 이화여자대학교출판부, 1997.
19) 승현준, 『커넥톰, 뇌의 지도』, 김영사, 2014.
20) Brene Brown, 『마음가면』, 안진이(역), 2016.
21) Hannah Monyer, Martin Gessmann, 2017, 앞의 저서, 63.
22) 이모영(2009), 미술의 치료적 기능에 관한 탐색적 고찰-지각적 경험에 관한 논의를 중심으로, 미술치료연구 16(5).
23) 박문호, 『뇌과학의 모든 것』, 휴머니스트, 2013.

정화된 감정에 대하여 설명드리니 본인의 사연을 들려주셨다. 어렸을 적 장사를 하는 부모님들의 사정으로 시골에서 할머니 손에서 성장하셨는데, 할머니는 저녁이면 늘 부뚜막에 운동화를 올려놓으셨다고 한다. 아침에 학교에 갈 때 할머니가 건네주시는 운동화를 신으면 먼 길의 통학길임에도 불구하고 학교에 도착할 때까지 따뜻했다고 하시며 할머니가 떠올라 그리운 마음에 눈물이 난다고 하였다. 그렇게 자신이 한때 얼마나 귀하고 소중한 사람이었는지 느끼시고는 꼬리를 물고 나오는 기억들에 말수가 많아지고, 억양도 상기되기 시작했다. 찬장에 있던 음식, 밤새 부뚜막에서 삭힌 오이(오이가 맞는지 확실하지는 않다. 내 경험이 없기에), 호박만두 등을 그리셨고 특별히 인상에 남았던 건 쟁반에 음식이 차려져 있었는데 할머니와 가족들은 종교가 없음에도 일 년에 한 번씩 날을 정해 가족들의 건강과 안녕을 위해 제사를 올리셨다고 한다.

"건강한 뇌를 위해 감동만큼 좋은 묘약은 없다. 특히 감동 시 눈물은 최고다. 웃음보다 6배나 강한 힐링 효과가 있다는 게 증명되어 왔다. (중략) 뇌과학적으로 이런 벅찬 감동에는 긴장의 노르아드레날린과 끝난 후의 강력한 기쁨을 위한 세로토닌뿐 아니라 도파민, 엔도르핀도 함께 가세한다. 이보다 좋은 치료제는 없다."

- 이시형 (2016) 24)

즐거운 경험, 혹은 기쁜 일에는 쾌락 호르몬인 도파민이 관여하고 있다. 도파민은 그 잠재 능력 때문에 '뇌 속에 존재하는 마약' 25) 으로 불리기까지 한다.

〈보는약〉 이미지가 촉발하는 정서적 자극은 신경생물학적으로 전기·화학적 스파크를 일으키며 시냅스 사슬의 연결을 활성·변화시키거나 강화하는데 유효하게 작용할 것이다.

앞서 승현준이 '나는 나의 커넥톰이다' 라고 한 것처럼, 뇌과학자들이 볼 때 우리가 말하는 자기란 '뇌 회로 안에 존재하는 시냅스 간 연결의 현재적, 일시적 총합으로, 자기는 고정적이고 지속적인 실체가 아닌 사람마다 다른 개별적인 구성체26)' 라고 할 수 있다. 이 시냅스가 바뀔 때 형태학적으로는 시냅스의 수와 모양이 바뀐다. 생리학적으로는 시냅스 전위의 발생이나 시냅스 막의 감수성이 바뀌는 것이고, 약리학적으로는 전달물질과 관계된 여러 물질이 바뀌는 것이다27).

신경학에서는 변화를 만들어낼 수 있는 대뇌의 능력을 묘사하기 위해 '가소성' 이라는 단어를 사용28)하는데, 최근의 연구는 나이가 들어서도 뇌는 유연하며 평생에 걸쳐 가소적이라는 사실이 밝혀졌다29).

일찍이 요한 슈푸르츠하임이 '육체의 운동으로 근육량이 늘어나듯이, 정신의 훈련으로 피질이라는 기관도 커질 수 있다30)' 고 하였듯, 뇌를 활동시키는 것은 몸을 운동시키는 것과 같다31). 열심히 운동하면 근육과 체력을 키워 신체의 나이를 늦출 수 있는 것처럼 뇌도 자극을 많이 줄수록 늙지 않는다32)고 말하는 삼성서울병원 신경과 나덕렬 교수의 말을 인용해 본다.

---

24) 이시형, 『세로토닌의 힘』, 이지북, 2016.
25) Hideyuki Negoro, 『호르몬밸런스』, 이연희(역), 스토리3.0, 2016.
26) Dale Carlson, 2012, 앞의 저서, 218-219.
27) 久保田競, 『손과 뇌』, 고선윤(역), 바다출판사, 2014.
28) Dale Carlson, 2012, 앞의 저서, 151.
29) Gary Small, Gigi Vorgan,『아이브레인』, 조창연(역), 지와 사랑, 2010.
30) 승현준, 2014. 앞의 저서, 63.
31) Andrew Newberg, Mark Robert Waldman, 2012, 앞의 저서 199.
32) EBS 기억력의 비밀 제작진, 『기억력의 비밀』, 북폴리오, 2011.

"뇌도 변할 수 있다. 근육 운동을 하면 알통이 생기는 것처럼 뇌도 자극을 주다 보면 알통 비슷한 것이 생기게 된다. 이것을 소위 '뇌알통이론'이라고 하는데, 뇌의 유연성$^{Brain\ plasticity}$으로 인해 가능한 일이다"

- EBS 〈기억력의 비밀〉 제작진(2011) -

3. 손과 소근육 운동신경의 중요성

그림을 그리는 일은 세부사항을 관장하는 좌뇌와 전체를 통합적으로 종합하는 우뇌가 동시에 활성화되기 때문에 뇌건강을 위하여 매우 좋은 작업이다. 우측 제시된 작품은 미술치료사이신 선생님이 여든을 넘기신 어머니의 미술치료를 진행한 사례다. 선생님의 어머니는 고령의 연세임에도 종이접기가 매우 정교하며, 그림을 보고 따라 그리는 작업을 하였는데 공간이나 비율, 안정된 필압(연필을 눌러쓰는 힘)까지 매우 뛰어났다. 근육은 자주 사용하지 않으면 '녹는다'는 표현을 쓰듯 약해진다. 실제로 요양시설 등에서 이루어진 실습 보고서를 검토하다 보면 소근육을 많이 사용하지 않은 분들은 필압에서도 커다란 차이를 보인다. 그러나 우리는 경험적으로 조금만 노력해도 상당한 호전이 가능하다는 사실을 알고 있다. 아이들이 그림을 배우는 시기의 발달 단계처럼 어르신들의 퇴행을 지연시키기 위해서도 그림을 그리는 활동은 매우 바람직한 조력활동이다.

〈손과 뇌〉의 저자 구보타 기소우久保田競에 의하면 일본에서는 매년 후생노동성과 문부과학성에서 체력 시험과 국민영양조사를 실시하고 있는데 이때 손의 악력도 조사한다고 한다. 그에 의하면 손이 움직이려면 그 동작에 따른 뇌의 움직임이 있어야 하고, 손과 뇌는 모두 각자 움직임의 원인이 되고 결과가 되도록 이루어져 있기 때문에 인지능력을 향상하거나 수명을 늘리거나 건강하게 살기 위한 손동작에 대한 뇌 연구는 점점 더 많아질 것이라고 예상하고 있다. 같은 맥락에서 우리는 〈보는약〉 프로그램이 기억 확장과 오감자극을 촉진하여 치매예방에 매우 효과적일 것이라는 기대를 가지고 있다.

앞서 제시된 여러 연구들을 토대로, 우리는 정서와 밀접한 기억들을 창의적으로 활용하는 다양한 프로그램들에 대한 행복한 고민을 시작해도 늦지 않을 것 같다. 마치 우리를 응원하듯 세계적인 뇌과학자 캔델이 말했다.

"기억을 다루는 현대적인 생물학은 신경학 및 정신의학 분야의 의료 연구와 실행에 혁명을 일으킬 가능성이 높다"[33]라고….

이제 추억 속으로 들어가서 변화의 시작을 느껴보자. 나는 기대하며 믿고 있다. 그 변화가 가족, 친구, 이웃들과 함께 나누어질 때 몇 배로 값질 수 있음을…. 결국, 당신의 파랑새가 당신 안에, 당신의 바로 옆에 있다는 사실을 알게 될 것이라고….

---

33) Eric R. Kandel, Larry R. Squire, 『기억의 비밀』, 전대호(역), 해나무, 2016.

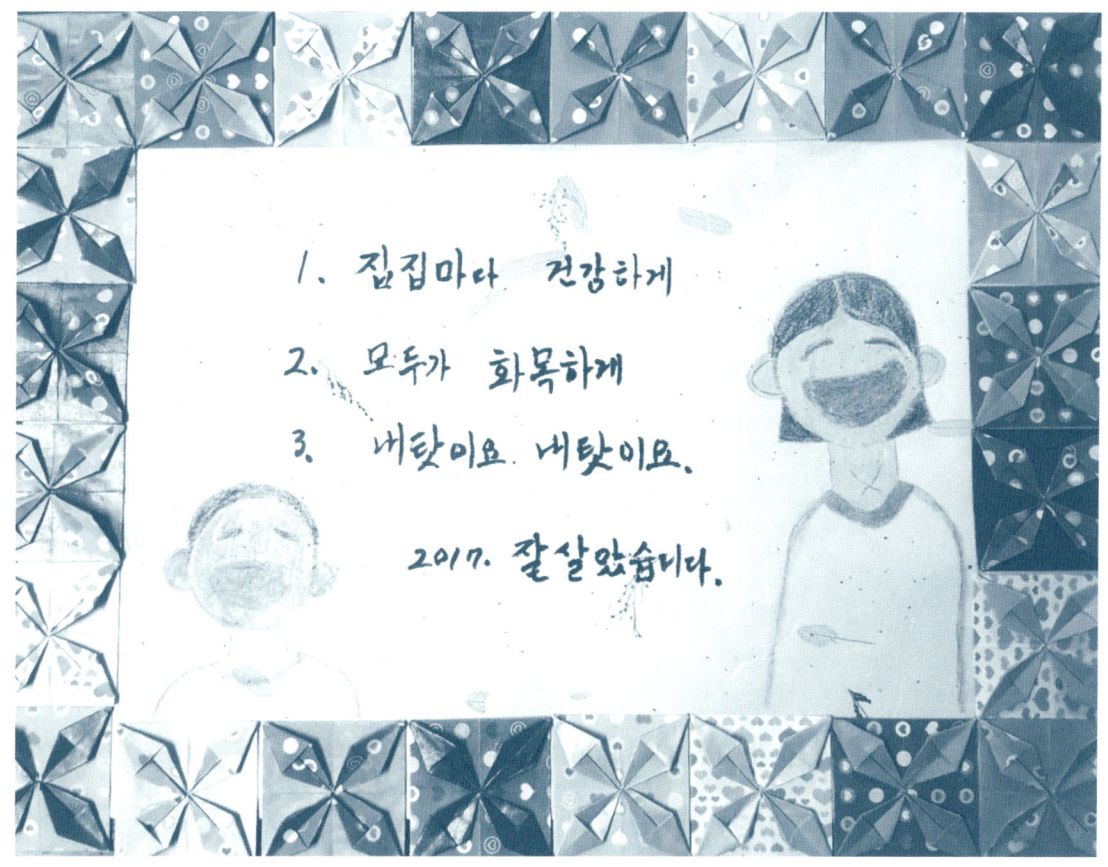

어르신 그림

참고 문헌

1. 김창곤(2015), 한국의 예술치료와 호스피스 완화의료, 한국 호스피스·완화의료학회, 18(2).
2. 高田明和, 『마음을 즐겁게 하는 뇌』, 윤혜림(역), 전나무숲, 2009.
3. Daniel Rettig, 『추억에 관한 모든 것』, 김종인(역), 황소자리, 2016.
4. Leslie s. Greenberg, Sandra C. Paivio, 『심리치료에서 정서를 어떻게 다룰 것인가』, 이홍표(역), 학지사, 2008.
5. Antonio Damasio, 『스피노자의 뇌』, 임지원(역), 사이언스 북스, 2007.
6. Dale Carlson, 『내 마음을 찾습니다』, 신민섭·오서진·김희선(역), 알에이치코리아, 2012.
7. 최범식, 『심상치료의 이론과 실제』, 시그마프레스, 2009.
8. 김성일, 김채연, 성영신, 『뇌로 통하다』, 21세기북스, 2013.
9. Ira Byock, 『아름다운 죽음의 조건』, 곽명단(역), 물푸레, 2010.
10. https://www.wsj.com/articles/a-different-therapy-to-find-greater-happiness-1377559379.
11. Hannah Monyer, Martin Gessmann, 『기억은 미래를 향한다』, 전대호(역), 문예출판사, 2017.
12. Catherine Loveday, 『나는 뇌입니다』, 김성훈(역), 행성B, 2016.
13. 송민령, 『송민령의 뇌과학연구소』, 동아시아, 2017.
14. Andrew Newberg, Mark Robert Waldman, 『믿는다는 것의 과학』, 휴먼사이언스, 2012.
15. 강혜정, 박은정, 방성규, 『성공과 치유의 심리학 NLP』, 씨이오메이커, 2015.
16. Arnheim, R, 『시각적 사고』, 김정오(역), 이화여자대학교출판부, 1997.
17. 승현준, 『커넥톰, 뇌의 지도』, 김영사, 2014.
18. Brene Brown, 『마음가면』, 안진이(역), 2016.
19. 이모영(2009), 미술의 치료적 기능에 관한 탐색적 고찰-지각적 경험에 관한 논의를 중심으로, 미술치료연구 16(5).
20. 박문호, 『뇌과학의 모든 것』, 휴머니스트, 2013.
21. 이시형, 『세로토닌의 힘』, 이지북, 2016.
22. Hideyuki Negoro, 『호르몬밸런스』, 이연희(역), 스토리3.0, 2016.
23. 久保田競, 『손과 뇌』, 고선윤(역), 바다출판사, 2014.
24. Gary Small, Gigi Vorgan, 『아이브레인』, 조창연(역), 지와 사랑, 2010.
25. EBS 기억력의 비밀 제작진, 『기억력의 비밀』, 북폴리오, 2011.
26. Eric R. Kandel, Larry R. Squire, 『기억의 비밀』, 전대호(역), 해나무, 2016.
27. David R. Hamilton, 『마음이 몸을 치료한다』, 장현갑·김미옥(역), 불광출판사, 2012.

본 프로그램은 정의롭고 따뜻한 사회를 함께 고민하는 좋은 이웃
『피앤아이특허법률사무소』와 함께하고 있습니다.

(04779) 서울특별시 성동구 아차산로 54 광용빌딩 3층
TEL : 02-465-7469   FAX : 02-6223-7469
변리사 이형우   E-mail : littlestorm@nate.com

셀프치유프로그램 〈보는약〉 2쇄 기념 이벤트

2쇄 출간 기념 이벤트

"그때 그시절 추억 한자락"

미술치료전문가의 셀프치유프로그램 〈보는약〉 컬러링 시리즈를
구입해 주신 독자 여러분께 감사드립니다.
크리스마스 시즌과 셀프치유프로그램 〈보는약〉 2쇄 출간을 맞이하여
'그때 그시절, 추억 한자락'을 모아보는 작은 출간 기념이벤트를 마련하였습니다.
가족과 더불어 옛기억을 더듬어 따뜻한 공감을 나눌 수 있는 '그때 그시절, 추억 한자락'의
사연과 컬러링 작품을 보내주시면 일선 현장에 들려드리고 함께 나누도록 하겠습니다.
추억의 사연이 선정된 100분께는 문화상품권(3만원)을 보내드립니다.

셀프치유프로그램 〈보는약〉 2쇄 출간 기념 이벤트

1. 응모방법

〈보는약〉 책 속의 이미지 한편을 선택, 예시를 참고하여 컬러링을 자유롭게 완성하시고
관련된 추억의 사연을 간단하게 적어 보내주세요.
책속에 없는 본인의 특별한 경험도 환영합니다.

2. 응모기한 및 선정작품 발표

1) 응모기한 : 2020년 3월 30일
2) 발표 : 스프링힐 심리상담센터 홈페이지 (http://springhill.modoo.at)

3. 보내실 곳

강원도 강릉시 범일로 579번길 24 가톨릭관동대학교 창조관 816호
노인인지통합예술치료연구소

4. 기타사항

1) 선정된 사연은 책 속에 실리거나 전시될 수 있습니다.
2) 선정되지 않은 사연은 반송하지 않습니다.
3) 우편물을 보내드리기 위한 주소와 연락처를 꼭 기재하여 주시고, 변동시 연구소로 반드시
   연락주시기 부탁드립니다.

미술치료전문가의 셀프치유프로그램
보는약

2018년 12월 10일 초판 1쇄 발행
2020년 3월 10일 2쇄 발행

글쓴이 | 하애희 (스프링힐심리상담센터 031-399-3275)
그린이 | 조은비
펴낸이 | 황인자
펴낸곳 | 디자인이곳
주   소 | 경기도 군포시 문대로 8-7 3층
전   화 | 031-399-8031
팩   스 | 031-399-8032
등록번호 | 제 2018-000001호

Printed in Korea 2018
ISBN | 979-11-962957-1-4   03180

이 책은 저작권법에 따라 보호받는 저작물이므로 무단전재와 무단복제를 금지하며,
이 책의 프로그램에 실린 〈보는약〉은 등록상표이며, 특허법과 저작권법 등에 의해 보호를 받고 있습니다.
이 책의 내용의 전부 또는 일부를 이용하려면 반드시 저작권자와 디자인이곳의 서면동의를 받아야 합니다.